Denksport für Hunde

INNOVATIVE NEUE ERKENNTNISSE FÜR EIN GESÜNDERES UND LÄNGERES LEBEN IHRES HUNDES – DIE BESTEN HUNDESPIELE FÜR ZU HAUSE UND UNTERWEGS

(BONUS: DIE PERFEKTE WELPENERZIEHUNG INKL. CLICKERTRAINING)

MARLON RICHTER

1. Auflage

Druck und Auslieferung:

Amazon.de ISBN: 978-3-96899-121-4

Inhaltsverzeichnis

Vorwort

Hunde sind nicht nur Freunde und Spielgefährten. Sie sind unsere Begleiter bei Wanderungen oder Sport, retten als Therapiehunde Leben oder bringen ganz einfach Freude und mehr Natürlichkeit ins Leben. Zudem geben sie Nähe und Zuneigung. In der Familie oder als Schulhund tragen Hunde außerdem - so zeigen inzwischen zahlreiche Studien - zur emotionalen Entwicklung von Kindern bei und verbessern die Sozialkompetenz. Doch warum sind wir Menschen so eng mit Hunden verbunden? Ein Grund dafür liegt sicherlich darin, dass kein Tier die menschliche Mimik und Gestik so fein lesen und Stimmungen bei Menschen so sensibel erspüren und interpretieren kann, wie es dem Hund gelingt. Deshalb möchten wir Hunde als Begleiter und vollwertige Familienmitglieder nicht mehr missen. Unsere Hunde geben uns viel, bringen uns als Hundehalter aber auch eine große Verantwortung. Denn immerhin entscheiden wir darüber, wann, was und wie viel der Hund frisst und welche Bewegung, Beschäftigung oder Ruhe wir unserem Vierbeiner zugestehen.

In diesem Ratgeber erhalten Sie Tipps, wie Sie dieser Verantwortung am besten gerecht werden - mit Freude und Spaß an der Sache. Sie erfahren, wie Sie dafür sorgen können, dass Ihr Welpe, Junghund oder erwachsener Hund glücklich, zufrieden und gesund bleibt. Dazu gehört, auf wichtige Punkte rund um Gesundheit, Training, Ruhe, Sozialleben und Auslastung zu achten. Nicht zuletzt beinhaltet das auch eine artgerechte, an den individuellen Hund (aber fast genauso wichtig: auch an den Besitzer) angepasste Beschäftigung.

Soll bei Ihnen ein Welpe einziehen? Dann erfahren Sie im Folgenden auch, wie Sie für Ihren Welpen die richtige Basis schaffen. Dabei sollten vor allem die Sozialisation sowie der Aufbau von Vertrauen und Bindung im Vordergrund stehen. Zudem muss der Welpe viele wichtige Dinge lernen, die Sie gemeinsam mit etwas Hintergrundwissen leicht umsetzen können: die Beißhemmung, die Stubenreinheit, das Alleinbleiben sowie die Grundkommandos, die ein Welpe oder Junghund als Erstes lernen sollte. Dies alles erfahren Sie nicht nur theoretisch, sondern mit konkreten, praktischen Tipps und Anleitungen für verschiedene Hundetypen - denn nicht jeder Hund lernt gleich.

Geht es schließlich um die geistige Beschäftigung und Auslastung für Hunde, finden Sie hier hilfreiche Tipps für das Training. Dazu gehört zum einen, das Lernverhalten von Hunden zu verstehen und mit der richtigen Belohnung zu arbeiten. In diesem Zusammenhang erfahren Sie, was Clickertraining ist, wie man es aufbaut und wofür man es einsetzt. Bevor Sie mit neuen Tricks, Denkspielen und Aufgaben starten, können Sie außerdem einen spannenden Test machen. Drei Testaufgaben geben Ihnen dabei Anhaltspunkte, welche Übungen und Aufgaben für Ihren Hund individuell am besten geeignet sein könnten.

Zuletzt können Sie sich im zweiten Teil dieses Ratgebers inspirieren lassen und mit Ihrem Hund viele neue Beschäftigungen ausprobieren. Je nach Hundealter, Rasse, Lerntyp und den persönlichen Vorlieben (sowohl des Halters als auch des Hundes) finden Sie hier zahlreiche Ideen und Anleitungen. Dabei teilen sich die Denkspiele in Suchspiele, Tricks und Intelligenzspiele auf, die jeweils unterschiedliche Arten der Beschäftigung bieten. Bei Suchspielen nutzt der Hund hauptsächlich seine Nase und Merkfähigkeit. Für das Erlernen diverser Tricks ist dagegen vor allem die Zusammenarbeit zwischen Hund und Halter gefragt. Dabei sind die Anleitungen oftmals in verschiedene Lernschritte und Schwierigkeitsgrade unterteilt, sodass Anfänger, Fortgeschrittene und Profis gleichermaßen gefordert werden. Zuletzt gibt es viele Ideen für Intelligenzspiele, die sich ganz einfach mit alltäglichen Gegenständen durchführen lassen, die fast jeder daheim hat.

So lassen sich Hunde indoor oder im Freien artgerecht beschäftigen, was auf Dauer zu mehr Gelassenheit und Zufriedenheit im Alltag führt und Problemverhalten vorbeugt. Vor allem aber sollen Hunde und Halter enger zusammenrücken und Freude an der gemeinsamen Beschäftigung haben. Viel Spaß beim Ausprobieren!

1

Diese Faktoren lassen Hunde länger und gesünder leben

Es gibt zahlreiche Faktoren, die beeinflussen, wie gut es Ihrem Hund geht, wie gesund er ist und wie lange er lebt. Einige sind ganz offensichtlich, über andere haben Sie sich möglicherweise in diesem Zusammenhang vorher noch keine Gedanken gemacht. Im Folgenden finden Sie eine Übersicht der wichtigsten Punkte, die für Fitness sowie geistige und körperliche Gesundheit unserer Hunde maßgeblich wichtig sind.

Ernährung

Über die Ernährung von Hunden gibt es mehr Ratgeber und Meinungen als zu fast allen anderen Hundethemen. Kein Wunder also, dass im Bereich der Hundeernährung bei Gesprächen zwischen Hundehaltern, in Facebook-Gruppen oder diversen Foren oft regelrechte Glaubenswelten aufeinanderprallen. Dabei ist es gar nicht schwer. Wenn Sie auf folgende Tipps achten, können Sie sicher sein, dass Sie Ihren Hund gut ernähren und dass es Ihrem Vierbeiner damit gut geht – egal, ob Sie Trockenfutter oder Nassfutter füttern, selbst für den Hund kochen, barfen oder „Gemischtfütterer" sind.

Tipps für die gesunde Ernährung des Hundes:

- Das Futter sollte ausgewogen sein und alle wichtigen Nähr- und Vitalstoffe enthalten. Wählen Sie daher bei Fertigfutter einen seriösen Hersteller, der auf die wichtigen Bestandteile nicht verzichtet. Beim Barfen oder Kochen müssen Sie natürlich selbst entsprechend darauf achten.

- Das Futter muss zum individuellen Hund passen. Beispielweise benötigen Welpen eine andere Futterzusammensetzung als erwachsene Hunde oder Senioren. Und auch Erkrankungen oder besonders viel oder wenig Aktivität können ein besonderes Futter erfordern.

- Der wohl wichtigste Punkt ist die Verträglichkeit. Geht es dem Hund mit diesem Futter gut? Hat er keine Magenschmerzen und weder Durchfall noch Verstopfung? Sind die Hundehäufchen normal groß und muss der Hund nicht übermäßig oft sein großes Geschäft erledigen, was für eine gute Verdaulichkeit und Verwertung des Futters spricht? Sehen Fell und Haut gut aus? Prima, denn das ist das Wichtigste und sollte an erster Stelle stehen. Müssen Sie einen oder mehrere dieser Punkte mit Nein beantworten, dann verträgt Ihr Hund vielleicht eine andere Sorte Futter besser.

- Auch die passende Menge an Futter ist wichtig, denn Übergewicht stellt für Hunde - genau wie für Menschen - einen Risikofaktor für Folgeerkrankungen von Stoffwechsel, Herz-Kreislauf-System, Wirbelsäule und Gelenken dar. Zu wenig Futter ist natürlich genauso wenig empfehlenswert. Regelmäßiges Wiegen des Hundes ermöglicht eine gute Kontrolle, ob die Futterration passt.

- Zur Ernährung gehört auch das Trinken. Es sollte immer frisches Wasser in einem sauberen Napf bereitstehen.

Gesundheitsvorsorge

Natürlich möchte jeder, dass sein Hund gesund bleibt. Manche Erkrankungen lassen sich aber leider nicht verhindern, aufhalten oder beeinflussen. Dennoch können viele gesundheitliche Probleme durch eine gute Vorsorge entweder gar nicht erst entstehen oder zumindest so früh erkannt werden, dass sie sich besser behandeln lassen.

Zur Vorsorge gehören regelmäßige Checks beim Tierarzt. Diese werden bei jüngeren Hunden meist jährlich empfohlen und lassen sich oft mit der Impfung verbinden. Bei alten Hunden kann beim jährlichen Check-up ein geriatrischer Bluttest durchgeführt werden. So erkennt man typische Alterserkrankungen wie eine nachlassende Nierenfunktion schon früh und kann gegensteuern.

Auch ein regelmäßiges Wiegen des Hundes gehört zur Gesundheitsvorsorge. Dadurch lässt sich nicht nur erkennen, ob Sie zu energiereich oder zu viel füttern und der Hund Übergewicht entwickelt - beim Wiegen zeigt sich außerdem, ob ein Welpe zu schnell oder zu langsam zunimmt. Auch eine plötzliche Gewichtsabnahme trotz gleicher Fütterung kann ein wichtiges Warnzeichen für Erkrankungen sein. Als Faustregel kann gelten, dass man Welpen wöchentlich, ausgewachsene und gesunde Hunde einmal im Monat wiegen sollte.

Eine Gesundheitsvorsorge für den Hund stellt außerdem das Wahrnehmen von empfohlenen Impfungen und Wurmkuren (oder alternativ zur Wurmkur: Kotuntersuchungen auf Würmer) dar. Nicht vergessen sollte man auch, dass eine Parasitenprophylaxe nicht nur lästige Flöhe und Zecken fernhält, sondern zudem vor Krankheiten schützt, die durch Zecken übertragen werden. Dies wird heute leider immer wichtiger, da sich durch die Klimaveränderungen neue Zeckenarten und mit ihnen manche der Mittelmeerkrankheiten immer stärker bis in den deutschsprachigen Raum hinein ausbreiten.

Zudem sollten Sie als Hundebesitzer selbst Ihren Hund regelmäßig auf Veränderungen, Krankheitsanzeichen und seine Gesundheit untersuchen. Bewährt hat sich ein wöchentlicher Check.

Das gehört zum wöchentlichen Check:

- Wie sehen die Ohren aus? Sind sie innen sauber? gibt es Rötungen oder Ablagerungen?
- Muss man die Krallen schneiden?
- Sehen Ballen und Pfoten gesund aus?
- Sind die Augen klar und nicht gerötet? Tränen sie nicht?

Außerdem sollten Sie ins Maul schauen:

- Hat der Hund zunehmend starken Zahnbelag? Ist das Zahnfleisch gerötet oder blutet gar? Sehen Zähne verfärbt, locker oder anderweitig auffällig aus? Hat der Hund starken Mundgeruch?
- Ist das Fell glänzend oder vielleicht matt, stumpf oder schuppig? Gibt es an der Haut Knoten, Rötungen oder sonstige Auffälligkeiten?
- Bei unkastrierten Rüden gehört auch das Abtasten der Hoden, bei Hündinnen das Abtasten der Milchleisten dazu, um Knoten frühzeitig zu bemerken.

Zusätzlich sollten Sie im Alltag auf Anzeichen reagieren, die zeigen können, dass es Ihrem Hund nicht gut geht, dass er Schmerzen hat oder dass allgemein etwas nicht stimmt.

Mögliche Anzeichen für Erkrankungen oder Schmerzen sind, wenn der Hund ...

- ... abgeschlagen wirkt oder ungewöhnlich viel schläft.
- ... nicht mehr spazieren gehen möchte oder langsamer läuft.
- ... auffällig oft hechelt, schmatzt oder plötzlich sabbert.
- ... plötzlich aggressiv reagiert oder sich nicht anfassen lassen will.
- ... humpelt.
- ... bei Berührung oder bestimmten Bewegungen zusammenzuckt oder jault.
- ... deutlich öfter Kot oder Urin absetzt oder beim kleinen oder großen Geschäft länger braucht als gewöhnlich, sich dabei krümmt oder auffällig stark „drücken" muss.
- ... hustet.
- ... den Kopf schief hält oder oft schüttelt.

- ... stumpferes Fell bekommt, kahle Stellen, Hautrötungen, Knoten oder Pusteln hat.
- ... ungewöhnlich viel oder wenig trinkt.
- ... keinen Appetit oder plötzlich übermäßig viel Hunger hat.

Bei allen solchen Auffälligkeiten kann ein Besuch beim Tierarzt Sicherheit geben und zeigen, ob die Ursache nur harmlos ist oder ob Schmerzen oder ernsthafte Krankheiten dahinterstecken.

Pflege

Die Pflege sorgt nicht nur dafür, dass der Hund ordentlich aussieht und ein glänzendes Fell hat - sie ist außerdem auch ein wichtiger Faktor für das Wohlgefühl und sogar für die Gesundheit des Hundes.

Dazu gehört die Fellpflege, die je nach Hunderasse, Fellart und -länge von einmal wöchentlich kurz durchbürsten bis zu täglicher, aufwändiger Pflege reichen kann. Bestimmte Rassen müssen sogar getrimmt oder geschert werden. Lassen Sie sich daher über die Fellpflege Ihres Hundes bei Bedarf von Experten (Hundefrisör, Tierarzt, Züchter der Rasse) beraten. Durch eine gute Fellpflege kommt mehr Luft an die Haut, abgestorbene Haare werden entfernt, und Erkrankungen der Haut wird vorgebeugt.

Das Schneiden der Krallen ist bei einigen Hunden sehr wichtig. Auch hier ist eine gute Beobachtung nötig, denn individuell wachsen die Krallen bei einigen Hunden schneller als bei anderen. Zu lange Krallen können auf Dauer im Extremfall negative Folgen haben und sogar zu Pfotenfehlstellungen führen.

Auch das Baden gehört zur Pflege dazu, sollte jedoch nicht übertrieben oft durchgeführt werden. Ein guter Zeitpunkt ist natürlich, wenn der Hund sich mit seinem Lieblings-Naturparfüm (aus Hundesicht) „eingeduftet" hat. Greifen Sie dann aber bitte nicht auf Shampoo für Menschen zurück - auch Babyshampoo sollten Sie nicht benutzen. Unsere menschliche Haut verfügt über einen Säureschutzmantel, weswegen unsere Pflegeprodukte einen entsprechend sauren pH von meist ungefähr 5,5 haben. Hundehaut weist jedoch einen neutralen bis leicht alkalischen pH von rund 7,5 auf - und genau auf diesen Wert sind auch hautschonende Pflegeprodukte für Hunde eingestellt.

Hundesicheres Zuhause

Vor allem, wenn man vorher noch keinen Hund hatte oder wenn zum ersten Mal ein Welpe einzieht, wundert man sich manchmal, auf welche unerwarteten Ideen die Vierbeiner kommen können. An Zimmerpflanzen herumkauen, Ausbruchsversuche aus dem Garten oder Dinge aus dem Regal ziehen – es gibt kaum etwas, was es, je nach Hundenaturell, nicht gibt. Darum können einige Vorkehrungen dabei helfen, Garten und Zuhause hundesicher zu gestalten.

Giftige Pflanzen und Lebensmittel

Welpen und Junghunde knabbern gerne und viel, besonders im Zahnwechsel. Es ist normal, dass die kleinen Hunde ihre Umwelt mit dem Maul erkunden. Doch auch ältere Hunde kauen hin und wieder auf Sachen herum, die sie im Garten oder in Innenräumen finden. Deshalb sollten zur Sicherheit keine für Hunde giftigen Lebensmittel und Zimmerpflanzen frei zugänglich sein. Im Garten sollten Sie darauf achten, Hunde so lange zu beaufsichtigen, bis Sie sicher sind, dass sie an den giftigen Pflanzen (die so gut wie jeder im Garten hat) kein Interesse zeigen.

Für Hunde giftige Gartenpflanzen: Kirschlorbeer, Thuja, Rhododendron, Oleander, Buchsbaum, Eisenhut, Krokus, Tulpe, Narzisse, Engelstrompete, Efeu, Eibe und viele mehr.

Für Hunde giftige Zimmerpflanzen: Agave, viele Ficus-Arten, Efeutute, Weihnachtsstern, Fensterblatt, Gummibaum, alle Lilien, Orchideen und viele mehr.

Für Hunde giftige Lebensmittel: Alkohol, Kakao/Schokolade, Xylit (Birkenzucker), Avocado, Macadamia-Nüsse, Weintrauben/Rosinen (in größeren Mengen), Nachtschattengewächse (Tomaten, rohe Kartoffeln, Auberginen), rohe Hülsenfrüchte, Zwiebel/Lauch. Zusätzlich können weitere Lebensmittel schädlich sein, beispielsweise gegarte Knochen, weil sie splittern.

Garten hundesicher gestalten

Ein Garten ist eine Bereicherung für jeden Hund, doch hier können auch Gefahren lauern. Folgende Tipps können Ihnen im Alltag helfen.

Lagern Sie Dünger, Spritzmittel, Schneckenkorn oder andere Chemikalien unzugänglich für den Hund und wenden Sie diese Utensilien nur so an, dass der Hund nichts davon aufnehmen kann. Am besten setzen Sie solche Mittel so wenig wie möglich ein. Das Anpflanzen von Giftpflanzen sollte, wenn möglich, vermieden werden (siehe oben). Werkzeug mit scharfen Kanten sowie Drahtenden, Holz mit Nägeln, Scherben oder Heckenschnitt mit Dornen sollten nicht im Garten liegen gelassen werden - hier besteht die Gefahr, dass der Hund darauf treten oder daran hängen bleiben kann.

Zusätzlich sorgt im Garten ein Zaun für Sicherheit. Dieser sollte Ihrem Hund entsprechend hoch sein, keine Lücken haben und bei Bedarf vor dem Untergraben geschützt sein. Es kann manchmal schon erstaunlich sein, über welche Höhen Hunde springen und durch welche engen Ritzen sie sich quetschen können, wenn hinter dem Zaun etwas sehr Verlockendes wartet – sei es die rennende Nachbarskatze oder eine läufige Hündin.

Außerdem sollten Sie Ihren Komposthaufen schützen, denn der riecht für Hunde meist äußerst verlockend, enthält aber nicht selten für Hunde giftige Dinge, wie beispielsweise Kartoffelschalen.

Innenräume hundesicher gestalten

Zieht ein Hund von einem Tierschutzverein oder Tierheim ein, oder soll ein Welpe ab jetzt Ihr Leben bereichern? Dann sollten sicherheitshalber alle Gefahrenquellen im Haus beseitigt werden. Dazu gehören schwere Gegenstände, die Hunde oder Welpen aus dem Regal ziehen oder umwerfen könnten.

Auch Kabel sind für manche Welpen und auch für den ein oder anderen erwachsenen Hund verlockend und können zum Ankauen animieren. Hier können Kabeldurchführungen helfen. Spitze Gegenstände oder andere Verletzungsmöglichkeiten sollten in allen Räumen entfernt werden, in denen der Neuankömmling sich frei bewegen darf. Das gilt also unter Umständen auch für einen Abstellraum, den Keller oder die Garage.

Sicherheit unterwegs

Beim Gassigehen sieht es zwar schick aus, wenn Halsband oder Geschirr und Leine farblich toll zusammenpassen. Vorrang sollten aber die perfekte Passform und Einstellung sowie Stabilität haben. Besondere Vorsicht ist hier bei Hunden aus dem Tierheim oder aus dem Auslandstierschutz geboten, die man in den ersten Wochen besonders gut sichern sollte, am besten mit einem ausbruchssicheren Sicherheitsgeschirr und Doppelleine.

Machen Sie sich außerdem auch Gedanken, wie Ihr Hund möglichst sicher im Auto mitfährt. Hier gibt es je nach Hundegröße viele gute Möglichkeiten für Kofferraum, Rücksitz oder Fußbereich.

Zusätzlich können Leuchthalsbänder oder Reflektoren vor allem in der dunkleren Jahreszeit dafür sorgen, dass der Hund beim Spaziergang gut sichtbar ist.

Sozialkontakte

Hunde sind überaus soziale Wesen. Sozialkontakte sind für sie deshalb extrem wichtig und gehören zu den wichtigsten Faktoren überhaupt für Zufriedenheit und seelische Gesundheit. Dabei spielen sowohl Kontakte zu Hunden als auch zu Menschen eine Rolle.

Wichtig sind für Hunde Sozialkontakte mit anderen Hunden. Ausgenommen sind natürlich die (wenigen) Hunde, die tatsächlich komplette Einzelgänger und unverträglich mit Artgenossen sind. Meist genießen Hunde aber das soziale Miteinander mit anderen Hunden. Allerdings sollte man als Mensch hier vorsichtig sein: Ständige, unkontrollierte Kontakte zu vielen fremden Hunden bewirken oft eher Stress und können sogar in Konflikten enden. Besser: regelmäßige Treffen mit den gleichen Hunden oder gemeinsame Gassigänge, sodass sich echte Hundefreundschaften ausbilden können.

Nicht vergessen sollte man aber auch den Menschen als Sozialpartner. Streicheln und Körperkontakt mit „ihrem"

Menschen lieben fast alle Hunde. Ob man den Hund nun auf dem Sofa oder sogar im Bett haben möchte, ist dabei natürlich jedem selbst überlassen. Aber das sogenannte Kontaktliegen, also den engen körperlichen Kontakt, sollte man seinem Hund auf jeden Fall ermöglichen. Das fördert die Bindung und ist für viele Hunde maßgeblich wichtig für ihre Ausgeglichenheit und ihr Wohlergehen.

Ruhe, Schlaf und Entspannung

Genauso wichtig wie Auslastung, Bewegung, Spiel und Beschäftigung ist für Hunde auch die Ruhe. Hier sollten Sie beim Welpen, Junghund und beim ausgewachsenen Hund immer die Balance im Auge behalten. Ein gesunder, entspannter Hund schläft oder ruht bis zu 18 oder sogar 20 Stunden am Tag, zeigen umfangreiche Beobachtungen von Hundeexperten.

Ruhephasen helfen außerdem dabei, Gelerntes zu verarbeiten und dadurch besser umzusetzen. So kann Ihr Hund nach aufregenden Erlebnissen und viel neuem Input wieder zur inneren Ruhe finden. Dauernder Trubel, der Hunde ständig im Schlaf stört, oder zu viele Aktivitäten mit dem Hund, bei denen die Vierbeiner nicht genug Ruhephasen oder Schlaf bekommt, bedeuten Dauerstress für Hunde. Stresshormone jedoch machen auf lange Sicht krank und können zu Verhaltensauffälligkeiten führen.

Vor allem bei Welpen macht dieser Punkt aber oft Probleme. Denn während einige Exemplare von Anfang an tiefenentspannt sind, kommen andere Welpen nur schlecht zur Ruhe. Hier muss der Besitzer etwas Mehrarbeit leisten und gezielt dafür sorgen, dass das Hundekind besser entspannen kann. Mehr dazu, wie Welpen zur Ruhe finden und wie man als Besitzer zur Entspannung beitragen kann, finden Sie im Kapitel: „Die richtige Basis schaffen: Welpenerziehung".

Bewegung und körperliche Auslastung

Ein gesunder und glücklicher Hund muss sich ausreichend bewegen können. Dabei hat die Bewegung viele Vorteile. Diese Vorteile gelten übrigens nicht nur für Ihren Hund, sondern auch für uns Menschen. Darum ist es umso schöner, dass sich Bewegung mit dem Hund gemeinsam umsetzen lässt.

Dazu zählt das Gassigehen, aber auch gemeinsames Radfahren, Joggen oder Toben im Garten. Im zweiten Teil dieses Ratgebers finden Sie außerdem - neben klassischen Denkspielen - einige aktive und bewegungsfreudige Spiele mit dem Hund, die ebenfalls für mehr Bewegung sorgen.

Vorteile von Bewegung und körperlicher Betätigung für Hunde und Menschen:

- Bewegung macht müde, entspannt und zufrieden.
- Sport und Training sorgen dafür, dass Glückshormone ausgeschüttet werden.

- Bewegung baut Stresshormone ab und ist damit ein idealer Ausgleich zu mental fordernden Situationen.

- Regelmäßige Bewegung stärkt das Herz-Kreislauf-System, wirkt sich positiv auf die Gesundheit von Gelenken und Knochen aus, baut Muskeln auf und ist generell einer der wichtigsten gesundheitlichen Faktoren für Körper, Geist und Seele.

- Bewegung im Freien ist gut für das Immunsystem, da Hitze und Kälte, die verbesserte Durchblutung sowie frische Luft sich positiv auswirken.

- Balance, Koordination, Körperhaltung und Körperspannung werden durch regelmäßige Bewegung verbessert.

Besonders förderlich ist es, wenn Sie mit Ihrem Hund mit unterschiedlichen Geschwindigkeiten über verschiedene Untergründe laufen und vielleicht auch verschiedene Bewegungen einbauen. Beispielsweise lieben es viele Hunde, auf gefällte Baumstämme zu springen. Ideal sind auch viele Denkspiele für den Outdoor-Bereich, die Sie im zweiten Teil dieses Buches finden.

Geistige Auslastung

Genauso wichtig wie die körperliche Bewegung ist für Hunde auch die geistige Auslastung. Das Gute daran: Hier lässt sich innerhalb kurzer Zeit mit einfachen Mitteln sehr viel umsetzen. Denn anstrengende Kopfarbeit lastet Hunde sehr viel schneller und nachhaltiger aus als körperliche Bewegung (wobei eine Mischung aus beidem ideal ist). Zehn Minuten Suchspiel können genauso anstrengend und befriedigend sein wie eine Stunde Spaziergang. Doch Aufgaben für das Hundeköpfchen können noch viel mehr, als nur geistig herausfordern.

Vorteile von geistiger Auslastung, Denkspielen und artgerechter Beschäftigung:

- Geistig herausfordernde Aufgaben machen zufrieden und müde - einige Arten der Beschäftigung, beispielsweise intensive Suchaufgaben, sind für Hunde besonders anstrengend und auslastend, aber gerade deshalb auch sehr befriedigend.

- Denkspiele fördern das Um-die-Ecke-Denken - Hunde können das Lernen tatsächlich lernen. So sorgen Denkaufgaben dafür, dass der Hund sich an diese Art der Aufgabenstellung gewöhnt und neue, ähnliche Aufgaben immer schneller und erfolgreicher meistern kann.

- Erfolgserlebnisse stärken das Selbstbewusstsein und Selbstvertrauen eines Hundes. Bei kaum einer anderen Beschäftigung haben Hunde mehr Erfolge und können aus eigener Kraft Probleme lösen als bei anspruchsvollen Denkspielen. Ideal sind Denkspiele deshalb auch für unsichere oder ängstliche Hunde.

- Zudem können gemeinsame Denkspiele auch die Bindung zwischen Hund und Frauchen oder Herrchen stärken, da der Mensch für den Hund neben den wichtigsten Hundebedürfnissen Futter, soziale Nähe, Sicherheit und wohlwollende Führung noch ein weiteres erfüllt: das Bedürfnis nach Herausforderungen und geistiger Auslastung. Das kann immens zur Bindung des Hundes zu seinem Halter beitragen.

- Auch die Stärkung des Vertrauens gehört zu den Vorteilen geistiger Auslastung und Kopfarbeit. Und zwar von beiden Seiten – Hund und Halter. Der Hund lernt beispielsweise, dass dort, wo Frauchen oder Herrchen mit der Aufforderung „Such" hindeutet, wirklich ein Leckerli oder sein Spielzeug versteckt wurde. Das mag banal klingen, ist jedoch ein wichtiger Vertrauensschritt. Der Mensch hingegen lernt, auf die Fähigkeiten, die feine Nase, den Gehorsam und das Gespür seines Hundes zu vertrauen.

- Denkspiele und geistige Beschäftigung fördert die Zusammenarbeit zwischen Hund und Mensch. Der Hund lernt, dass es Spaß macht, auf den Besitzer zu hören und mit ihm gemeinsam Herausforderungen zu meistern. So entstehen echte und eingeschweißte Mensch-Hund-Teams, denen man ansieht, wie eingespielt sie aufeinander sind und wie viel Freude sie aneinander haben.

- Gemeinsame Denkaufgaben, Spiele und Training lenken die Aufmerksamkeit des Hundes auf seinen Halter. Das ist ein wichtiger Faktor dabei, dass der Hund sein Frauchen oder Herrchen spannend findet, sich bei Spaziergängen und im Freilauf eher an seinem Halter orientiert und schwerer von Außenreizen abzulenken ist.

- Wie bei Menschen gilt auch für Hunde: Wer rastet, der rostet. Wenn sie regelmäßig geistig gefordert werden, bleiben Hunde eher bis ins hohe Alter geistig fit und tun sich leichter, herausfordernde Aufgaben zu lösen.

Darum finden Sie in diesem Ratgeber viele Informationen über artgerechte Beschäftigung für Hunde jeden Alters, jeder Rasse und jeden Charakters. Denn hier gilt: Qualität statt Quantität, und vor allem Individualität. Was dem einen Hund nur ein müdes Gähnen entlockt, kann für andere Hunde höchst herausfordernd sein. Darum können Sie sich hier nicht nur zu neuen Ideen für Denkspiele und Beschäftigungsmöglichkeiten inspirieren lassen, sondern erhalten auch Tipps, wie Sie für sich und Ihren Hund die passenden Auslastungsmöglichkeiten finden.

2

Die richtige Basis schaffen: Welpenerziehung

Wer einen Welpen bei sich aufnimmt, den erwartet eine spannende, manchmal anstrengende, aber auch sehr erfüllende Zeit. Das Hundekind auf das Leben vorzubereiten, damit aus ihm ein gelassener, gut erzogener Hund wird, ist eine herausfordernde Aufgabe. Um die optimale Basis zu schaffen, sollten Sie auf einige Dinge achten. Dabei denkt man als Hundehalter oft an das Erlernen wichtiger Kommandos und das Verinnerlichen bestimmter Regeln. Noch viel wichtiger sind für einen Welpen aber Grundlagen wie Vertrauen, Bindung und Ruhe, von denen sowohl der junge Hund als auch sein Frauchen und/oder Herrchen das ganze Hundeleben lang profitieren.

Grundlagen für ein glückliches Hundeleben

Ein Welpe muss unglaublich viel lernen. In den ersten Tagen nach dem Einzug ist das Hundekind noch vollauf damit beschäftigt, mit der neuen Umgebung und den neuen Menschen (und eventuellen anderen Mitbewohnern) vertraut zu werden. Plötzlich sind Mutter und Geschwister weg, dafür prasseln neue Eindrücke, Gerüche und Geräusche auf den Welpen ein. Diese Zeit ist für den Welpen sehr aufregend. Überfordert man ihn jetzt, kann das zu einem Hund führen, der sein Leben lang schnell überdreht oder sich leicht verunsichern lässt. Macht man jetzt alles richtig, entsteht hingegen ein tiefes Vertrauen, und der Welpe verinnerlicht Dinge, die sein Wesen für die gesamte Zukunft positiv beeinflussen. Im Folgenden finden Sie einige Tipps und Ideen, wie Sie die richtige Basis begründen und gute Grundlagen für später legen können.

Sozialisation

Sozialisation beim Welpen wird leider manchmal missverstanden. Einen Welpen zu sozialisieren, bedeutet nicht, dass er in einem engen Zeitfenster (meist spricht man vom Alter bis zu 12 Wochen) *alles* kennenlernen muss, was er später entspannt meistern soll. Sozialisation funktioniert anders: Der Hund lernt in dieser Zeit, zu generalisieren. Trifft er mehrere Menschen, die alle freundlich sind, speichert er ab, dass Menschen generell wohl angenehme Zeitgenossen sind, denen man entspannt oder freudig begegnet. Das Gleiche trifft für andere Hunde zu, aber auch für Orte: Besuchen Sie drei oder vier fremde Orte mit dem Welpen, dann lernt er, dass es gemeinsam mit seinem Besitzer überall schön ist.

Der Hund muss also nicht alles kennenlernen, sondern in erster Linie lernen, dass er entspannt und selbstbewusst durchs Leben gehen kann, da seine Umwelt es gut mit ihm meint und sein Besitzer ihn schützt, anleitet und führt.

Tipps für die Sozialisierung Ihres Welpen:

- Qualität statt Quantität: Wichtig sind angenehme, entspannte, freudige Erlebnisse mit Menschen, Hunden, anderen Tieren oder fremden Orten - nicht möglichst viele.
- Nach Aufregung folgt Ruhe: Ein neues Erlebnis muss verarbeitet werden, beispielsweise durch einen sehr ruhigen Tag nach einem großen Ausflug.
- Ängste und Überforderung ernst nehmen: Zwingen Sie den Welpen nie in Situationen, sondern lassen Sie ihn im eigenen Tempo Dinge entdecken. Geben Sie Schutz und Sicherheit, dadurch kann der Welpe Ihnen immer mehr vertrauen - in jeder Lebenslage.
- Hundekontakte sollten entspannt ablaufen: Ausgelassen mit anderen Welpen spielen, Kommunikation und Hundeverhalten von souveränen, erwachsenen

Hunden lernen – das ist das Ideal. In der Realität sehen Hundebegegnungen aber oft anders aus. Behalten Sie Hundekontakte genau im Auge. Sind Sie sich nicht sicher, ob die Begegnung Ihrem Welpen wirklich guttut? Hören Sie auf Ihr Bauchgefühl. Was nach Spiel aussieht, ist nicht immer Spiel. Eine gut geführte Welpengruppe mit qualifizierten Trainern kann hier oft unterstützen.

Ruhe lernen

Im vorangegangenen Kapitel haben Sie schon gelernt, wie wichtig es für Hunde ist, ausreichend zu schlafen und richtig entspannen zu können. Doch was tun, wenn man einen Welpen hat, der ständig auf Achse ist und nicht zur Ruhe kommen will? Das kann bei Hunden jeder Rasse vorkommen, tritt jedoch bei einigen Rassen (beispielsweise Hütehunden) öfter auf und hängt manchmal auch von der „Vorarbeit" des Züchters und dem Charakter der Elterntiere ab.

Tipps für mehr Ruhe und Entspannung im Alltag:

- Spaziergänge nicht zu stressig gestalten: Als Faustregel gilt, dass Hunde maximal 5 Minuten pro Lebensmonat Gassi gehen sollen. Das gilt jedoch nur für das anstrengende Laufen an der Leine, das für Welpen noch schwierig ist. Was auch einmal länger dauern darf, ist ein entspannter Aufenthalt im Freien. Zum Beispiel können Sie sich mit dem Welpen auf eine Wiese setzen, wenn nötig zur Sicherheit eine lange, dünne Schleppleine nutzen und den Hund einfach seine Umgebung erkunden lassen.

- Einen ruhigen Rückzugsort schaffen: Dieser Ort, beispielsweise ein Körbchen oder eine Box, sollte für alle anderen Mitbewohner tabu sein. Vor allem bei Kindern sollte man darauf achten, dass sie sich daran auch wirklich halten.

- Möchten Sie eine Hundebox als Ruheort nutzen, sollten Sie sie positiv aufbauen. Gewöhnen Sie Ihren Hund langsam daran, belohnen Sie ihn darin, geben Sie darin Futter oder Kausachen. Geschlossen werden sollte die Box so selten wie möglich und erst, wenn der Hund darin völlig entspannt bleibt.

- Gehen Sie Ihrem Alltag nach und versuchen Sie, den Hund nicht zu sehr in den Mittelpunkt zu stellen, auch wenn Sie Ihren Welpen anfangs wahrscheinlich am liebsten den ganzen Tag beobachten und betüddeln würden - denn gibt es etwas niedlicheres als junge Hunde? Zu viel Aufmerksamkeit kann Hunde jedoch überfordern.

- Fördern Sie unruhiges Verhalten nicht. Brechen Sie Spiele ab, wenn sie zu wild werden oder wenn der Hund hochspringt, bellt, schnappt oder überdreht wirkt. Auch das zu häufige Werfen von Spielzeug oder Bällen kann bei manchen Hunden zu einer so großen Hormonausschüttung führen, sodass sie dadurch immer stärker aufdrehen und zu sogenannten „Ball-Junkies" werden können.

- Wählen Sie als Ausgleich immer wieder ruhige Beschäftigungen, bei denen der Hund sich konzentrieren muss. Dafür eignen sich Such- und Denkspiele, von denen einige sich auch schon mit Welpen durchführen lassen. Viele Tipps und Beispiele finden Sie im zweiten Teil dieses Ratgebers.

„Lernen lernen"

Schon beim Welpen lohnt es sich, jede Zusammenarbeit mit dem Menschen positiv zu verknüpfen. Üben in kleinen Einheiten, spielerisches Training, viel Lob und viel Spaß tragen dazu bei. Denn jetzt ist die wichtige Zeit, in der der Welpe lernt, dass es sich lohnt, die Menschen im Blick zu behalten und das zu tun, was sein Herrchen oder Frauchen gerade von ihm will. Das zahlt sich später sehr aus, denn dadurch legen Sie die Basis dafür, dass der Hund sich beim Spaziergang an seinem Halter orientiert und freudig alle möglichen neuen Kommandos erlernt.

Vertrauen und Bindung

Gemeinsame Unternehmungen, gemeinsame Abenteuer, aber auch gemeinsames Kuscheln und Ruhen schaffen Nähe und Bindung. Vertrauen entsteht zusätzlich vor allem dann, wenn Sie Ihren Welpen zuverlässig vor Unangenehmem schützen und ihn in Stresssituationen nicht im Stich lassen. „Da muss er jetzt allein durch" ist in Bezug auf Welpen fast immer ein schlechter Rat. Lassen Sie Ihren Welpen in Ruhe alles erkunden und halten Sie fremde Hunde fern, wenn Sie das Gefühl haben, dass Ihr Welpe damit im Moment noch überfordert ist. Auf diese Weise werden Welpen zu gelassenen Hunden, die sich bei ihrem Besitzer sicher fühlen. So lassen sich neben Herrchen oder Frauchen auch Langeweile, Frust, ganz neue Situationen oder Stress viel besser aushalten, was im Alltag immer wieder vorkommen wird.

Hausregeln sollten von Anfang an gelten

Ein Welpe zieht ein und kennt noch nichts. Da ist man häufig noch nicht so konsequent. Dennoch sollten Sie grundlegende Hausregeln, die der erwachsene Hund auf jeden Fall befolgen soll, direkt umsetzen. Soll die Küche für den Hund tabu sein? Dürfen Hunde bei Ihnen nicht aufs Sofa oder ins Bett? Dann ist es oft am einfachsten, das von Tag 1 an sanft, aber konsequent umzusetzen. Eine spätere Umstellung ist für den jungen Hund oft sehr schwer zu verstehen und erzeugt Frust, da etwas Angenehmes, das der Hund schon gewohnt war, wieder entzogen wird.

Beschäftigung für Welpen - weniger ist mehr

Viele Besitzer sind ganz begeistert, wie schnell und viel ihr Welpe lernt und was er alles freudig mitmacht. Dabei sollte man im Überschwang aber nicht zu viel machen. Das hat alles noch Zeit. Zum einen sind die kleinen Gelenke noch nicht sehr belastbar, zum anderen ist auch das Welpenhirn noch sehr schnell überfordert. Weniger ist hier mehr. Lassen Sie sich auf keinen Fall von anderen Hundebesitzern beeinflussen, die gerne erzählen, was ihr Welpe alles schon kann oder was ihr Hund schon viel früher und viel besser konnte. Hören Sie lieber auf Ihr Bauchgefühl und beobachten Sie, was Ihrem Welpen wirklich guttut.

Diese Dinge sollten Sie Ihrem Welpen als Erstes beibringen

Ein Welpe muss nicht alles sofort lernen. Im Gegenteil! Verschwendet man die (begrenzte) Konzentrationsspanne eines Welpen mit unnötigen Dingen, kann man unter Umständen versäumen, die *wirklich* wichtigen Dinge zu üben. Welche das sein können, kann individuell sehr unterschiedlich sein. Zumeist stehen jedoch in den allerersten Wochen die Eingewöhnung und Stubenreinheit an erster Stelle. Auch die Beißhemmung kann, je nach Welpencharakter und Rasse, eine mehr oder weniger wichtige Rolle spielen. Haben Sie Kinder, mehrere Hunde oder soll der Hund möglichst bald mit ins Büro? Dann ist das „Körbchentraining" und vielleicht auch das „Bleib"-Signal oft früher sinnvoll. Oder ist Ihnen am wichtigsten, dass der Hund später überall freilaufen kann? Dann können von Anfang an Übungen zum Abruf oder Signale wie „Stopp" (stehen bleiben) besonders sinnvoll sein. Was erfahrungsgemäß besonders wichtig für die meisten Welpen ist, können Sie im Folgenden nachlesen.

Gewöhnung an Pflege und Tierarzt-Training

Nach dem Einzug eines Welpen sollten Sie darauf achten, den Welpen an bestimmte Berührungen und Pflegemaßnahmen zu gewöhnen.

Die Fellpflege ist ganz besonders bei Hunderassen wichtig, die häufig gebürstet, getrimmt oder geschoren werden müssen. Frühes Üben mit viel Geduld, vielen Belohnungen und weichen Bürsten schafft Vertrauen und sorgt dafür, dass Sie es später leichter haben. Denn nicht wenige erwachsene Hunde hassen das Bürsten. Und mehr Hunde, als man glaubt, müssen hin und wieder geschoren oder im Hundesalon gepflegt werden, da sie eine Fellpflege vom Besitzer nicht zulassen. Umso schöner also, wenn Ihr Hund die Pflege nicht nur toleriert, sondern sogar genießen kann.

Außerdem haben wir bereits über den wöchentlichen Check gesprochen. Alle Maßnahmen, die dazu gehören, sollten Sie von Anfang an spielerisch mit Ihrem Welpen üben. Pfoten und Krallen berühren, mit der Krallenschere hantieren, Ohren inspizieren, Lefzen hochziehen und die Zähne anschauen, wenn Sie möchten auch Zähneputzen - das alles macht die Pflege später für Sie selbst und den Welpen leichter und ist zugleich auch ein gutes Tierarzttraining, damit Ihr Hund solche Berührungen an Schnauze, Ohren und Pfoten schon kennt. Ein spezielles Tierarzttraining, wie manche Hundehalter es machen, ist dann gar nicht mehr nötig. Hilfreich kann aber sein, hin und wieder beim Tierarzt vorbeizufahren. Sehr viele Tierarztpraxen finden es sogar gut und kümmern sich sehr liebevoll um junge Hunde, wenn Sie zum

Kennenlernen vorbeischauen. So kann der Welpe die Gerüche, das Wartezimmer, die komischen Menschen mit den weißen Kitteln und die neue Umgebung positiv verknüpfen.

Beißhemmung

Welpen beißen. Manche mehr, manche weniger, manche überaus penetrant und sehr schmerzhaft. Das überrascht erfahrene Hundehalter wenig, ist für Hundeanfänger aber oft eines der größten Probleme mit Welpen und Junghunden. Generell entdecken alle jungen Hunde ihre Umgebung primär mit dem Maul. Sie kauen, lecken, nehmen alle möglichen (und unmöglichen) Dinge ins Maul – und sie spielen mit Einsatz der Zähne. Schaut man sich an, wie der kleine Welpe kurz vor seinem Umzug mit seinen Geschwistern gespielt hat, wird klar: Dort ging es alles andere als sanft zu. Welpen müssen erst lernen, dass Menschen empfindlicher als Hunde sind. Ein guter Züchter legt dafür bereits die ersten Grundlagen. Der Rest liegt aber nun an Ihnen.

Wie reagieren Sie am besten, wenn der Welpe beißt?

Wie aber sollten Sie reagieren, wenn der Welpe beißt? Diese Frage stellt einige Hundebesitzer vor ungeahnte Probleme. Denn weiß man nicht, wie man das Verhalten konsequent abbricht, animiert man den Welpen manchmal ungewollt dazu, weiter zu schnappen oder sich regelrecht hineinzusteigern. Dann entsteht nicht selten ein unguter Kreislauf: Ein wilder, ungestümer Welpe kann unerfahrenen Haltern durch Bisse wehtun, und bisweilen gibt es sogar blutige Kratzer. Das macht verständlicherweise wütend, der

Besitzer wird lauter oder hektisch, der Welpe ist je nach Charakter überfordert, verunsichert oder freut sich über die Action - alles drei ist nicht hilfreich, damit das Beißen nachlässt. Doch wenn Sie richtig reagieren, ist die anstrengende „Schnappschildkrötenzeit" bald vorbei.

Die Basics:

- **Bleiben Sie ruhig.** Wut und Emotionen verhindern ein effektives Training. Denken Sie daran, dass der Welpe ein kleines Hundekind ist, das Ihnen nicht wehtun will, sondern erst noch lernen muss, wie man sich richtig verhält.

- **Ergründen Sie die Ursache.** Fährt der Welpe jeden Abend oder mehrmals am Tag so hoch, dass er kaum zu bremsen ist und wild beißt? Dann steckt eventuell Überforderung dahinter. Prüfen Sie am besten, ob es vielleicht zu viel neue Eindrücke, zu viele Übungen oder zu wenig Schlaf für den Welpen gibt.

So brechen Sie das Beißen ab:

Hier gibt es mehrere Möglichkeiten. Probieren Sie aus, was bei Ihrem Welpen am besten funktioniert, denn jeder Welpe ist anders, und auch die Hunderasse spielt dabei oft eine große Rolle.

- **Die Hand mit lautem „Aua" oder Quietschen wegziehen:** Das reicht bei sensiblen Welpen manchmal aus. Etwas wildere Welpen reagieren darauf aber oft nicht oder halten es für einen lustigen Teil des Spiels.

- **Spielzeug zum Beißen anbieten:** Welpen beißen meist, weil sie spielen möchten und es vom Spiel mit ihren Geschwistern und unter Hunden nicht anders kennen. Bieten Sie Ihrem Welpen als Alternative etwas an, in das er beißen darf, beispielsweise ein Welpenspielzeug. Manchmal tut es auch einfach ein zusammengeknotetes altes Handtuch oder eine leere Klopapierrolle.

- **Belohnen, wenn der Welpe nicht mehr beißt:** Der kleine Hund soll verstehen, dass Beißen unerwünscht ist. Er soll aber auch merken, dass es viel schöner und lohnenswerter ist, wenn man ohne Beißen mit seinen Menschen umgeht. Also vergessen Sie nicht, zu loben und zu belohnen. Beispielsweise kann die Belohnung sein, dass das lustige Spiel wieder weitergeht, sobald der Welpe sich einige Sekunden zurückgenommen hat oder sobald er in ein Spielzeug statt in die Hand beißt.

- **Austoben lassen:** Einige Welpen schnappen nicht nur im Spiel gern in Hände und Kleidung, sondern fahren dabei auch hoch, rennen wild herum, knurren und toben, sodass man sie nur schwer bremsen kann. Man spricht dann auch von den „wilden 5 Minuten". In diesem Moment kann es hilfreich sein, wenn der Hund einfach seine Energie loswerden kann. Lassen Sie den Welpen in den Garten, wenn vorhanden. Oder lassen Sie in der Wohnung zu, dass der Welpe auch einmal ausflippt und wie wild durch die Zimmer tobt - natürlich nur, solange er Ihnen dabei nicht wehtut.

- **Mit Berührung beruhigen:** Lässt sich der Welpe gar nicht beruhigen, hilft bei manchen Hundetypen ein kurzes Fixieren. Dabei halten Sie den Welpen sanft, aber trotzdem fest mit beiden Händen an der Brust oder Seite, bis er sich beruhigt hat. Manche Hunde entspannen sich dann schnell. Bei anderen bewirkt das Festhalten eher das Gegenteil, sie winden sich und schnappen noch mehr - dann ist das Fixieren nicht ratsam.

- **Auszeit verordnen:** Ein Spiel lässt sich auch abbrechen, indem Sie sich dem Hund komplett entziehen. Dafür können Sie einen Zimmerkennel (Hundebox) nutzen, was aber vorher positiv aufgebaut werden muss. Oder Sie verlassen kurz das Zimmer.

- **Alternativverhalten nutzen:** Beißt ein etwas älterer Welpe, der einige Kommandos schon gelernt hat, manchmal noch zu? Dann kann helfen, das Spiel abzubrechen, indem Sie die Lieblingskommandos des Junghundes abfragen und ihn mit Leckerli belohnen, um den Fokus auf ruhigere Konzentration zu legen. Auch hier lohnt es sich aber, die Ursache für das Beißen zu ergründen (siehe oben).

- **Spiel mit anderen Welpen ermöglichen:** Hat Ihr Welpe die Möglichkeit, seinen Spieltrieb auch einmal auf Hundeart zu befriedigen? Das hilft oft sehr, damit sich der kleine Hund mit anderen Hunden austoben und sich dafür beim Menschen dann besser zurücknehmen kann. Gleichaltrige Welpen lernt man oft bei Welpengruppen in Hundevereinen/Hundeschulen kennen. Alternativ lassen Besitzer gleichaltriger Welpen sich auch oft über die sozialen Medien finden.

- **Beißen bestrafen?** Erfahrene Hundebesitzer mit gutem Timing schaffen es oft, dem Welpen durch eine Strafe nachhaltig klarzumachen, dass Beißen nicht erwünscht ist. Zu den verwendeten Strafen gehört beispielsweise der Schnauzengriff oder ein Knuff in die Seite. Allerdings sollte man dabei sehr vorsichtig sein. Sind Sie nicht sicher, ob Sie angemessen, souverän, ohne Wut und mit dem richtigen Maß solche Strafen einsetzen können? Dann lassen Sie es lieber, denn ansonsten können sie mehr schaden als nutzen. Absolut tabu sind Schreien oder Schlagen, was nur zu Verunsicherung führt. Noch schlimmer ist das Packen am Genick - einen Biss in den Nacken und Schütteln nutzen Hunde normalerweise nur in Tötungsabsicht bei Beute. Kein Wunder also, dass der Nackengriff das Vertrauen zwischen Hund und Halter zutiefst zerstören kann.

- **Wohlwollend, hartnäckig und liebevoll bleiben:** Haben Sie ein Gefühl dafür bekommen, welche der oben genannten Tipps bei Ihrem Welpen gut funktionieren, dann bleiben Sie dabei! Reagieren Sie verlässlich für Ihren Welpen und immer gleich. Nur so festigt sich der Lerneffekt jeden Tag etwas mehr. Training dauert – speziell das Training der Beißhemmung bei den etwas wilderen Welpen. Bleiben Sie ruhig und gelassen. Vergessen Sie nicht, die Welpenzeit zu genießen, denn sie ist so schnell vorbei. Und machen Sie sich nicht zu viele Sorgen: Hartnäckigkeit siegt. In einigen Wochen werden Sie darüber schmunzeln können, wie wild und „bissig" der Welpe vor Kurzem noch war.

Stubenreinheit trainieren

Wie schnell ein Welpe stubenrein wird, hängt von zwei Faktoren ab: Zum einen davon, wie die Stubenreinheit trainiert wird, zum anderen vom Welpen selbst, denn einige Welpen und bestimmte Hunderassen brauchen einfach länger. Beispielsweise sagt man es manchen Klein(st)hundrassen nach, dass sie für die Stubenreinheit oft länger benötigen.

Während Letzteres sich wenig beeinflussen lässt, können Sie aber für das richtige Stubenreinheits-Training sorgen. Mit den folgenden fünf Tipps werden die meisten Welpen sehr schnell stubenrein.

Tipps für das Stubenreinheits-Training:

- **Nach dem Fressen, Schlafen und Spielen folgt das Rausgehen:** Damit die Stubenreinheit schnell funktioniert, sollte der Welpe sein Geschäft so oft wie möglich draußen und so wenig wie möglich drinnen verrichten. Die einfachste Lösung ist es, den kleinen Hund immer dann in den Garten oder ins Freie zu bringen, wenn erfahrungsgemäß ein kleines oder großes Geschäft zu erwarten ist. Das trifft bei Welpen oft nach dem Fressen, dem Spielen oder direkt nach dem Aufwachen zu.

- **Körpersprache und Signale beachten:** Fast jedem Welpen sieht man es an, wenn er „mal muss“. Am Boden schnüffeln, unruhig werden sowie hin- und her- oder im Kreis laufen gehören dazu. Aber spätestens dann, wenn der Popo Richtung Boden geht, ist Eingreifen gefragt. Heben Sie den Welpen hoch und tragen Sie ihn möglichst schnell nach draußen. Dafür müssen Sie Ihren Welpen natürlich viel beobachten, aber es lohnt sich.

- **Ruhe statt Action:** Drinnen setzt sich das Hündchen hin, Sie erwischen ihn zur großen Freude gerade noch rechtzeitig, tragen ihn schnell nach draußen, und dort passiert nichts – das ist nicht nur der Klassiker mit einem Welpen, sondern auch völlig normal. Oft sind die Eindrücke und Gerüche draußen so interessant, dass der Welpe ganz vergisst, dass er eigentlich muss. Das fällt ihm dann drinnen wieder ein, denn nur entspannte Welpen pinkeln. Hier hilft es erfahrungsgemäß am besten, wenn man draußen immer zur gleichen Stelle geht und dort so lange stehen bleibt, bis der Welpe zur Ruhe kommt und sich dann hoffentlich lösen kann.

- **Nicht schimpfen:** Anfangs geht öfter noch etwas in die Wohnung. Das ist ganz normal, und jeder neue Hundebesitzer muss das durchstehen – egal ob es der erste oder zehnte Welpe ist. Trotzdem gilt: ruhig bleiben, Ärger herunterschlucken und kommentarlos Pfützen und Häufchen entfernen. Nicht schimpfen, dadurch bringt man sensible Welpen eher dazu, ab jetzt nur noch dort zu machen, wo man den Hund nicht sieht. Das ist dann meist genau dort, wo man es besonders schlecht aufwischen kann, und verhindert eher die schnelle Stubenreinheit.

- **Loben und bestärken:** Verrichtet der Welpe sein Geschäft draußen? Dann vergessen Sie nicht, ihn ruhig und mit netter Stimme zu loben. Auch, wenn der Welpe drinnen auf eine besonders deutliche Art anzeigt, dass er muss, können Sie den jungen Hund loben.

- **Geeignetes Putzmittel parat halten:** Wo es nach Kot oder Urin riecht, lösen sich Welpen gerne noch einmal. Zudem haben Hunde eine extrem feine Nase. Umso wichtiger ist es deshalb, alle Pfützen und Häufchen sehr gut zu entfernen. Eine Möglichkeit ist das feuchte Wischen, gefolgt von Desinfektionsmittel und einem speziellen Enzym-Reiniger gegen Tiergerüche.

Alleinbleiben lernen

Eine häufige Falle, in die man als Welpenbesitzer tappen kann, ist das zu späte Allein-bleib-Training. Im Normalfall ist anfangs immer jemand da, denn der Welpe kann noch nicht allein sein und ist noch nicht stubenrein. Allerdings sollten Sie sehr früh schon die Basis legen, damit der Welpe zum einen gelassen allein sein kann, zum anderen aber auch nicht zum „Kontrolletti" wird, der seinen Besitzern immer und überall hinterhertapst.

Das Ziel ist, dass es für den Welpen ganz selbstverständlich wird, dass Sie das Zimmer oder Haus verlassen und wieder kommen. Dass das anfangs extrem schwer ist, ist ganz natürlich. In der Natur wäre ein so junger Hund verloren, wenn er den Anschluss an Mutter und Geschwister verlieren würde. Deshalb gilt: **Allein-bleib-Training ist Vertrauenstraining.** Der Welpe muss lernen, darauf zu vertrauen, dass er auch ohne Sie in Sicherheit ist und dass Sie immer wieder zurückkommen.

Tipps für entspanntes Alleinbleiben:

- **Winzig kleine Schritte:** Alleinbleiben fängt mit ganz kleinen Schritten an. Diese sollten Sie erst steigern, wenn der Welpe die vorhergehenden Übungen schon gut meistert. Zunächst reicht es, immer wieder kurz aus dem Raum zu gehen oder beim Gang ins Bad die Tür zu schließen. Auch das Holen der Post aus dem Briefkasten oder kurze Abwesenheiten können nach und nach immer weiter ausgedehnt werden.

- **Beobachten:** Sind Sie sich nicht sicher, ob der Welpe allein wirklich entspannt ist und schläft, oder doch jault und unruhig ist? Dann kann eine Kamera helfen. Dabei reichen die verfügbaren Modelle von kleinen, günstigen Kameras bis speziell für die Hundeüberwachung designten Geräten mit Kamera, Stimmausgabe oder sogar mit Leckerli-Ausgabe.

- **Genügend Zeit:** Planen Sie ausreichend Zeit ein und berücksichtigen Sie auch, dass jeder Welpe unterschiedlich lange braucht, bis er allein sein kann.

Einige Hunde lernen es schnell, andere schaffen auch nach monatelangen Übungen nur drei bis vier Stunden.

- **Der Plan B:** Es ist oft schwierig, wenn man einen festen Zeitpunkt (beispielsweise nach Ablauf eines Urlaubs) hat, bis zu dem der Welpe das Alleinsein beherrschen muss. Was, wenn es nicht klappt? Dann sorgen Sie rechtzeitig vor. Vielleicht gibt es in Ihrer Gegend Hundesitter oder Gassigänger? Vielleicht können vorübergehend auch Verwandte oder Freunde einspringen. Werfen Sie Ihren Hund aber bitte nicht ins kalte Wasser und lassen ihn allein, auch wenn er sichtlich verzweifelt und unruhig ist. Einige Hunde leiden massiv, wenn sie zu früh und/oder zu lang alleingelassen werden.

- **Entwicklungsphasen von Welpen und Junghunden berücksichtigen:** Hunde machen verschiedene Entwicklungsphasen durch. Dazu gehören beim Junghund im Alter von rund fünf bis sieben Monaten auch Phasen, in denen er vermehrt Ängste entwickelt. Man spricht hier auch von den „Spooky Periods". Es kommt deshalb immer wieder vor, dass ein Welpe erst gut allein bleibt, im Alter von ungefähr einem halben Jahr dann aber plötzlich Dinge im Haus zerstört oder lautstark jault und heult. Diese Entwicklungsphasen sollten Sie berücksichtigen und entsprechend wieder einen (oder mehrere) Schritte beim Alleinbleib-Training zurückgehen - womit wir vielleicht auch wieder beim vorher erwähnten „Plan B" wären.

- **Aber mein Hund muss eigentlich nie allein sein!** Es gibt Wohnsituationen, in denen der Hund fast nie allein ist, beispielsweise in großen Familien, bei Arbeit im Homeoffice oder bei Rentnern. Denken Sie aber daran, dass es dann umso schwieriger ist, wenn der Hund doch einmal länger allein sein muss, weil ein Notfall eintritt. Deshalb sollten Sie das Alleinsein dennoch gezielt üben, beispielsweise indem sie den Hund bewusst nicht überall hin mitnehmen.

Erste Kommandos und Übungen für Welpen

Sie haben bereits gelernt, dass Prioritäten anfangs wichtig sind und Sie den kleinen Hund nicht mit unwichtigen oder zu schwierigen Aufgaben überfordern sollten. Allerdings sind einige Übungen und Kommandos von Anfang an wichtig und könnten oder sollten früh trainiert werden. Hat der kleine Welpe sich richtig eingelebt und zurechtgefunden und konnte Sie und seine ganze neue Familie ausführlich kennenlernen? Dann können Sie mit den ersten Übungen starten, die anfangs nur spielerisch und in kleinen Einheiten geübt werden sollten.

Wie schon erwähnt, hat jeder Halter andere Prioritäten, doch oft gehören zu den wichtigsten Dingen ein Deckentraining sowie die Grund-Kommandos „Hier" (herkommen/Abruf), „Aus" (etwas aus dem Maul geben) und „Nein" (Abbruch eines Verhaltens). „Sitz" und „Platz" stehen hier explizit nicht dabei. Denn das lernt jeder Hund auch im Junghundalter noch schnell, ist aber für Sicherheit und ein entspanntes Zusammenleben im Alltag oft viel unwichtiger, als die vier im Folgenden genau erklärten Punkte. Üben können Sie das natürlich trotzdem schon beim Welpen, weil es sich oft sehr einfach und manchmal auch einfach „nebenher" aufbauen lässt. Die Vorgehensweise dafür finden Sie im zweiten Teil dieses Buches bei den Trick-Anleitungen.

Grundkommando „Hier" (herkommen / Abruf)

Dass der Hund zuverlässig kommt, wenn man ihn ruft, ist für viele Menschen das Wichtigste überhaupt. Das Ziel ist dabei nicht nur, dass der Hund zu Ihnen kommt, sondern dass er das nach dem ersten Rufen möglichst schnell tut - idealerweise auch dann, wenn er einen anderen Hund (oder einen Jogger oder einen Hasen) sieht.

Warum ist das wichtig?

Vor allem, wer seinen Hund gerne frei ohne Leine laufen lassen möchte, der sollte von Anfang an für einen Aufbau eines Abruf-Kommandos sorgen, damit der Hund sich aus Gefahrensituationen zuverlässig herausrufen lässt. Aber auch in vielen anderen Situation kann ein Abruf hilfreich sein - beispielweise, wenn der Hund am Gartenzaun bellt, wenn Sie unterwegs sind und unerwartet ein Auto auf dem Feldweg kommt oder wenn ein Besucher oder Passant Sie bittet: „Ich habe Angst vor Hunden, rufen Sie bitte Ihren Hund zu sich."

Anleitung: So kommt der Hund auf Abruf zuverlässig her

- **Das richtige Kommando:** Das richtige Signal ist hier natürlich wichtig. Für das „Alltagsrufen" nutzen Sie ruhig den Hundenahmen, lockende Wort oder einfach „Komm' her". Für Ihren echten, immer funktionierenden Abruf gilt aber: Er sollte ein Signal sein, dass Sie im Alltag sonst nie nutzen und dass immer (immer!) befolgt wird. Wie Sie Letzteres erreichen, dazu kommen wir gleich. Gut sind für Ihren „Superabruf" ausgefallene, einprägsame Worte oder eine Pfeife.

- **Kleine Schritte:** Schritt eins, den Sie mit dem Welpen üben können: Rufen Sie (oder pfeifen Sie) immer dann, wenn der Welpe sowieso gerade zu Ihnen kommt. Hilfreich ist oft auch, wenn zwei Personen den Welpen zwischen sich hin- und herrufen.

- **Langsame Steigerung der Schwierigkeit:** Steigern Sie dann nach und nach die Schwierigkeit und belohnen Sie das Kommen über längere Zeit immer ganz besonders hochwertig. Erst wenn der Abruf ohne jede Ablenkung sehr gut sitzt, sollten Sie Ihr „Superwort" für den Abruf auch draußen nutzen. Auch hier bitte erst in ganz ruhiger Umgebung anfangen, mit dem Welpen zu üben. Dann steigern Sie nach und nach die Ablenkungen und rufen gezielt, wenn gerade Menschen in Sicht kommen - oder später auch, wenn andere Hunde in Sichtweite sind.

- **Nur einmal rufen:** Nutzen Sie ein einfaches „Komm her" oder den Namen des Hundes, wenn Sie in Situationen gelangen, in denen der Hund sich noch schwertut, zu Ihnen zu kommen. Das ist besonders wichtig, schließlich sollte Ihr Superabruf oder Pfiff ja *immer* befolgt werden. Es liegt also an Ihnen, den Abruf so kleinschrittig aufzubauen, dass es keine Misserfolge gibt. Alternativ können Sie eine Schleppleine nutzen, um den Hund nach dem Abruf zu sich zu holen. Sobald Sie mehrmals hintereinander rufen müssen, sind Sie schon einen Schritt zu weit im Training gegangen.

Grundkommando „Aus" (etwas aus dem Maul hergeben)

„Aus" bedeutet, dass der Hund sein Maul öffnet und das, was er im Maul hat, hergibt. Sie können dabei auch üben, dass der Hund Ihnen auf „Aus" hin etwas direkt in die Hand legt.

Warum ist das wichtig?

Das Kommando „Aus" wird im Alltag öfter benötigt, beispielsweise wenn der Hund mit etwas Spielen will, das kein Hundespielzeug ist. Draußen hingegen kann das „Aus" letztendlich sogar lebensrettend sein, falls der Hund etwas aufgenommen hat, bei dem Sie nicht sicher wissen, ob es nicht schlimmstenfalls ein Giftköder sein könnte. „Aus" kann aber auch im Spiel und Training hilfreich sein, zum Beispiel, wenn Sie Apportieren üben möchten.

Anleitung: So lernt der Hund das Kommando „Aus"

- **Positives Training:** Welpen sollten das „Aus" von Anfang an positiv verknüpfen. Nimmt man einem Hund durch Zerren oder grobes Öffnen des Mauls etwas ab, ist die Folge oft, dass Hunde gefundene Dinge lieber wegtragen oder Essbares schnell fressen, um zu verhindern, dass es Ihnen weggenommen wird. Die Ausnahme ist natürlich, wenn der Welpe etwas Gefährliches oder völlig Unakzeptables im Maul hat und sie darauf reagieren müssen.

- **Tauschgeschäft:** Eine gute Art, Welpen positiv das „Aus" beizubringen, ist das Tauschen. Ein Beispiel: Der Welpe hat ein Spielzeug im Maul. Zeigen Sie dem Hund etwas besonders Gutes, beispielweise ein Stück Wurst oder Käse. Die meisten Hunde lassen dann das Spielzeug los, weil sie das Leckerli nehmen wollen. In dem Moment sagen Sie: „Aus", loben den Welpen für das Hergeben und belohnen ihn mit dem Leckerli. Wichtig: Danach bekommt der Welpe das Spielzeug sofort wieder zurück. So lernen Hunde schnell, dass es sich lohnt, etwas herzugeben, und dass sie es nicht verteidigen oder verstecken müssen, da ihnen niemand etwas wegnehmen möchte. Im Gegenteil: Der Hund bekommt sogar noch etwas Gutes dazu.

Grundkommando „Nein" (ein Verhalten abbrechen)

Eines der am häufigsten verwendeten Kommandos ist „Nein". Dass man es von fast allen Hundehaltern so häufig hört, hängt aber manchmal auch damit zusammen, dass der Hund es gar nicht richtig verstanden hat. Ziel ist, dass der Hund auf ein „Nein" (oder auch „Schluss" oder „Lass es") hin sofort mit der Aktion aufhört, die er gerade tut/tun will.

Warum ist das wichtig?

Ein „Nein" kann in sehr vieler Hinsicht nützlich sein. Es kommt immer dann zum Einsatz, wenn Sie etwas abbrechen wollen - idealerweise kurz bevor der Hund überhaupt damit startet. Beispiele:

- Der Hund steuert einen Haufen Pferdeäpfel an und öffnet gerade genüsslich das Maul.
- Der Hund sieht im Wald ein Reh, erstarrt kurz, und Sie wissen, dass er im nächsten Moment vermutlich hinterherjagen wird.
- Der Hund steuert auf jemanden zu und setzt dazu an, hochzuspringen.

Mit einem gut trainierten „Nein" lassen sich solche Dinge abbrechen - wobei jedoch der Abbruch eines Jagdverhaltens wie in dem Beispiel mit dem Reh wahrhaft die Königsklasse ist und leider nicht mit jedem Hund so zuverlässig erreicht werden kann.

Anleitung: So lernt der Hund den Abbruch „Nein"

- **Die klassische Übung für den Abbruch:** Sie geben dem Hund mit der Hand ein Leckerli, schließen beim nächsten Leckerli die Hand und sagen: „Nein". Die meisten Hunde probieren dann aus, ob sie durch lecken, knabbern oder auf anderen Wegen an das Futter kommen. Erst in dem Moment, in dem der Hund sich wegdreht, wegschaut oder einen Schritt zurückgeht, öffnen Sie die Hand, lassen den Hund das Leckerli fressen und loben ihn.

- **Steigerung der Übung:** Sie steigern die oben beschriebene Übung nach und nach, bis sie auf das „Nein" hin zunächst die Hand offenlassen und zuletzt das Leckerli sogar auf den Boden legen können, ohne dass der Hund es nimmt, wenn Sie „Nein" sagen.

- **Hundeverhalten abbrechen:** Parallel ergibt sich im Alltag hin und wieder die Situation, dass Sie ein Verhalten abbrechen müssen. Das geschieht beispielsweise dann, wenn Sie den Hund mit der Leine von etwas wegziehen müssen, auf das er partout zusteuern möchte. Diesen Abbruch des Hundeverhaltens können Sie mit dem Kommando verknüpfen, indem Sie laut und deutlich „Nein" sagen und direkt danach (nicht vorher!) den Hund wegziehen.

Grundkommando Deckentraining (Hund auf seinen Platz schicken)

Diese Übung ist für junge Welpen noch zu schwer, aber ideal für Junghunde geeignet. Manche Hundehalter nutzen dafür das Kommando „Körbchen", andere „Geh' ins Körbchen" oder „Leg' dich ab". „Geh' auf deinen Platz" ist übrigens ungünstig, falls „Platz" bereits für das Hinlegen an Ort und Stelle genutzt wird - das kann zu Verwirrung beim Hund führen. Das Ziel ist aber immer das gleiche: Der Hund soll sich auf seinen Platz legen und dort entspannt liegen bleiben.

Warum ist das wichtig?

Viele Situationen lassen sich entschärfen und viel entspannter gestalten, wenn der Hund gelernt hat, auf Kommando auf seinen Platz zu gehen. Beispielsweise ist dies die Basis dafür, dass der Hund beim Klingeln nicht lautstark bellend zur Tür rennt. Auch wenn der Hund beim Essen bettelt, aufdringlich zu Besuchern ist oder wenn Ihnen ein Glas heruntergefallen ist und der Hund nicht in die Scherben laufen soll, ist es sehr hilfreich, wenn Sie den Hund zuverlässig wegschicken können und er erst einmal aus dem Weg ist.

Anleitung - so lernt der Hund, auf seinen Platz zu gehen:

- **Hundeplatz einrichten:** Erst einmal muss natürlich ein solcher Platz da sein. Das sollte ein ausreichend großer, bequemer Liegeplatz sein, den der Hund auch sonst gerne aufsucht und der sich in einer ruhigen Ecke befindet.

- **Kleinschrittig üben:** Dann üben Sie in kleinen Schritten, dass immer dann eine Belohnung kommt, wenn der Hund auf die Decke geht. Klappt das gut, können Sie Ihr ausgewähltes Kommando mit einbauen, bis der Hund auf Ihr Kommando hin zuverlässig Richtung

Körbchen geht und sich hineinlegt. Steigern Sie dann ganz langsam die Dauer und belohnen Sie als letzten Schritt der Übung den Hund erst dann, wenn er sich hinlegt, einige Zeit liegen bleibt und entspannt wirkt. Bauen Sie dann die Belohnungen nach und nach ganz ab und belohnen Sie nur noch, wenn es dem Hund besonders viel Leistung abverlangt hat - beispielsweise wenn er sich brav ins Körbchen schicken lässt, obwohl gerade Besuch eintrifft.

3

Grundlagen für artgerechte Beschäftigung, Training und Denkspiele

Mit dem Lernverhalten von Hunden beschäftigen sich ganze Wissenschaftsbereiche, zahlreiche Fachbücher und Ratgeber. Um mit seinem Hund Spaß zu haben, ihn zu beschäftigen und ihm eine Grunderziehung zukommen zu lassen, ist ein umfassendes theoretisches Wissen nicht nötig. Im Gegenteil: Manche Menschen fangen dann sogar an, zu viel mit dem Kopf und zu wenig mit ihrem Bauchgefühl zu entscheiden. Darum soll dieses Kapitel nur sehr kurz gehalten werden. Die wichtigsten Grundlagen sind natürlich dennoch zusammengefasst, denn sie sind sehr nützlich, wenn man verstehen möchte, warum bestimmte Trainingsansätze funktionieren und was sie jeweils beim Hund auslösen.

Wie lernt mein Hund?

Hunde lernen immer aus Erfahrungen. Hat ein Verhalten positive Konsequenzen, zeigt der Hund es öfter. Lohnt sich das Verhalten nicht oder hat es sogar negative Konsequenzen, wird der Hund es immer weniger zeigen. Genau hier setzt die Erziehung an.

Oft denken Menschen, dass es in diesem Zusammenhang nur zwei Möglichkeiten gibt: Entweder, der Hund wird belohnt (positive Konsequenz durch Lob, Streicheln oder Futterbelohnung), oder er wird bestraft. Allerdings gibt es insgesamt vier Bereiche, mittels denen ein Hund lernen kann. Diese wurden schon in den 1930er-Jahren vom US-Psychologen B. F. Skinner zusammengefasst und sind bis heute die Grundlage für die Beschreibung des Lernverhaltens.

Achtung! In den folgenden Beschreibungen bedeutet positiv nicht „gut" und negativ nicht „schlecht". Die Begriffe werden hier von Wissenschaftlern wie Plus und Minus gebraucht. Positiv bedeutet: etwas wird hinzugefügt. Negativ bedeutet: etwas wird weggenommen.

1. Positive Verstärkung: Etwas Angenehmes (Belohnung) wird hinzugefügt

Beispiel: Der Welpe setzt sich von selbst oder weil man ihm ein Leckerli über dem Kopf nach hinten führt. In dem Moment, in dem der Hund sich setzt, sagt man: „Sitz" und gibt dem Hund ein Leckerli.

Belohnungen können dabei sehr vielfältig sein: Futter, Spielzeug, Lob oder Streicheln. Aber es kann auch alles als Belohnung dienen, was der Hund in diesem Moment sehr gerne möchte: zum Hundekumpel hindürfen, buddeln, losrennen oder vieles mehr.

Erzeugtes Gefühl beim Hund: Freude.

Folge: Der Hund zeigt das erwünschte Verhalten öfter.

2. Negative Verstärkung: Etwas Unangenehmes wird weggenommen

Beispiel: Der Besitzer drückt auf den Hintern des Hundes. Sobald dieser sich setzt, um dem unangenehmen Druck zu entkommen, wird der Druck weggenommen.

Das Unangenehme, das weggenommen wird, kann sich sehr unterschiedlich gestalten: ein böser Blick, Zug an der Leine oder körpersprachliche Bedrohung (sich vorbeugen, über den Hund beugen).

Erzeugtes Gefühl beim Hund: Unbehagen, gefolgt von Erleichterung.

Folge: Der Hund zeigt das erwünschte Verhalten öfter.

3. Positive Strafe: Dem Hund wird etwas Unangenehmes zugefügt

Beispiel: Der Welpe hat die Beißhemmung noch nicht erlernt. Er kuschelt gerade mit dem Besitzer und fängt dabei an, spielerisch in die Hand zu beißen. Der Besitzer zischt den Welpen an und greift dabei ruckartig über die Schnauze („Schnauzengriff"), sodass der Welpe erschrickt, Angst bekommt und sofort loslässt.

Hier handelt es sich um die klassische Bestrafung eines unerwünschten Verhaltens. Darunter fällt alles, was den Hund erschreckt, ihm Angst macht oder ihm ein unangenehmes Gefühl oder Schmerzen zufügt, wie beispielsweise Schreckreize (Wurfschellen), mit Wasser anspritzen, Anschreien, an der Leine rucken oder auch körperliche Gewalt. Es versteht sich von selbst, das vieles davon im Training tabu sein sollte.

Erzeugtes Gefühl beim Hund: Angst, Schmerz.

Folge: Der Hund zeigt das unerwünschte Verhalten seltener.

4. Negative Strafe: Dem Hund wird etwas Angenehmes weggenommen

Beispiel: Der Welpe hat die Beißhemmung noch nicht erlernt. Er kuschelt gerade mit dem Besitzer und fängt dabei an, spielerisch in die Hand zu beißen. Die Hand wird sofort entzogen und das Kuscheln abgebrochen.

Je nach Situation kann das Angenehme ganz unterschiedlich aussehen: Aufmerksamkeit kann entzogen, ein Spiel abgebrochen, der Hund angeleint werden und vieles mehr.

Erzeugtes Gefühl beim Hund: Enttäuschung, Frustration

Folge: Der Hund zeigt das unerwünschte Verhalten seltener.

Die Basis für erfolgreiches Lernen

Damit ein Hund effektiv lernt, müssen aber auch einige Grundlagen passen. Nur so ist ein effektives Lernen möglich - egal ob es um Training im Alltag oder um die Auslastung des Hundes durch Denkspiele geht. Wie genau Sie speziell

Denkspiele, Aufgaben und Tricks trainieren, können Sie weiter unten nachlesen.

Die Basis bildet immer die positive Verstärkung. In den genannten Beispielen ist leicht zu erkennen, dass es das einzige Lernverhalten ist, bei dem nur positive Gefühle erzeugt werden. Dadurch lernt der Hund besonders schnell und führt das Erlernte bereitwillig aus. Bei Denkspielen und Tricks versteht sich von selbst, dass man diese dem Hund immer nur freudig, geduldig und mit positiver Verstärkung beibringen sollte.

Was ist die passende Belohnung? Die Antwort auf diese Frage hängt nicht nur vom Hund ab - also beispielsweise von der Frage, ob er verfressen ist und für Leckerli alles tun würde -, sondern richtet sich auch nach seinen aktuellen Bedürfnissen. Was wünscht sich der Hund in diesem Moment? Erfüllen Sie das Bedürfnis, empfindet der Hund das als Belohnung. Streicheln Sie den Hund, kann das eine tolle Belohnung sein, wenn der Hund gerade soziale Nähe will. Mitten in Training und Action empfinden Hunde das Streicheln allerdings oft eher unangenehm oder unpassend. Eine besondere Art der Belohnung stellt der Clicker da, der im nächsten Kapitel umfassend beschrieben wird.

Spielerisch lernen. Das Spielen liegt Hunden im Blut. Nicht nur Welpen erkunden spielerisch ihr Umfeld - auch viele erwachsene Hunde lernen so besonders schnell. Bezogen auf Denkspiele bedeutet das: Lassen Sie den Hund am Anfang alles mit Pfoten und Schnauze erforschen, wie zum Beispiel den Aufbau für ein Intelligenzspiel. Fördern sie spielerisches und freudiges Verhalten - Regeln und Grenzen hat der Hund im Alltag schließlich bereits genug.

Clickertraining – Grundlagen für Anfänger

Das Prinzip des Clickertrainings ist einfach: Ein Clicker (oder auch Klicker) ist ein kleines, handliches Gerät, das auf Knopfdruck ein knackendes oder klickendes Geräusch macht – den „Klick". Dieser wird so aufgebaut, dass der Klick für den Hund folgende Botschaft enthält: Jetzt bekomme ich gleich eine Belohnung! Somit dient der Clicker als ein sogenannter „sekundärer Verstärker". Er kündigt eine Belohnung an und löst damit in dem Moment, in dem geklickt wird, beim Hund bereits eine freudige Reaktion aus. Ähnlich stellte es auch schon der russische Nobelpreisträger Ivan Petrowitsch Pawlow bei dem berühmten pawlowschen Hund fest. Der Forscher untersuchte Lernprozesse bei Hunden und nutzte dabei die Tatsache, dass bei Hunden bereits ein vermehrter Speichelfluss einsetzt, wenn sie ihr Futter sehen und riechen. So läutete der Wissenschaftler in einem Wxperiment jedes Mal eine Glocke, bevor die Hunde ihr Futter bekamen, und im Jahr 1905 konnte Pawlow durch diesen Versuch zeigen, dass der Speichelfluss bereits bei Erklingen der Glocke einsetzte. Diesen Effekt nannte Pawlow eine *Konditionierung*. Und genauso funktioniert auch der Clicker bei Hunden.

Doch warum ist das Clickern im Hundetraining sinnvoll? Man könnte dem Hund statt dem Klick doch auch einfach direkt die Belohnung geben? Im Prinzip handelt es sich um ein „Fine-Tuning" beim Training, das mehrere Vorteile hat.

Vorteile des Clickertrainings

Manchen Menschen liegt das Clickertraining, andere können sich gar nicht damit anfreunden. Gehen Sie nach Ihrem Bauchgefühl. Es ist nur ein Hilfsmittel, das sie nutzen können, aber natürlich nicht müssen. Allerdings hat es einige Vorteile:

- Der Clicker verbessert das Timing. Im Alltag kann man mit herkömmlichen Belohnungen oft genauso gut belohnen wie mit dem Klicker. Es gibt jedoch Situationen, da kommt es besonders stark auf das Timing an. Dazu gehören beispielsweise kompliziertere Tricks.

- Der Clicker klingt immer gleich: Hunde achten sehr auf Nuancen unserer Stimme. Je nachdem, ob ein Mensch angespannt, freudig, aufgeregt oder wütend ist, ob er lauter oder leiser spricht oder gerade einen „Frosch im Hals" hat, klingt die Stimme ganz anders. Der Clicker hat den Vorteil, dass er ein immer gleiches, kurzes und prägnantes Geräusch erzeugt, das Konstanz und Verlässlichkeit schafft und das der Hund in keinem anderen Zusammenhang hört - nur beim Training.

- Mit dem Clicker kann man den Moment einfangen. Ein gutes Beispiel hierfür ist das Einüben von Tricks.

Mit dem Klick lässt sich jede kleine Bewegung in die richtige Richtung einfangen, die man dann nach und nach weiter ausbauen kann.

- Der Klick funktioniert auch dann, wenn man gerade schlecht anderweitig belohnen kann. Nehmen wir zum Beispiel an, Sie üben gerade, dass Ihr Hund Befehle auch auf größere Distanz ausführt. Sie rufen in einigen Metern Abstand, und der Hund reagiert auf das Kommando „Sitz". In dem Moment erfolgt der Klick. Anschließend haben Sie kurz Zeit, zum Hund zu laufen und ihm die Belohnung zu geben. Trotzdem wurde das Verhalten exakt in dem Moment positiv verstärkt, in dem der Hund sich setzt.

Der erste Aufbau: Clicker konditionieren

Der Clicker muss erst aufgebaut werden, damit der Hund versteht, dass ein Klick immer eine nachfolgende Belohnung ankündigt. Dazu kann man in mehreren Schritten vorgehen.

Für den ersten Schritt sollten Sie eine ruhige Umgebung ohne Störungen wählen. Legen Sie den Clicker und die Leckerli, die der Hund gerne mag, bereit. Fangen Sie nun an, indem Sie Clickern und Ihrem Hund immer direkt nach dem Klick ein Leckerli geben. Üben Sie dabei lieber öfter, mehrmals am Tag, aber immer nur kurz.

Klappt das gut, können Sie den zweiten Schritt gehen. Klicken Sie, wenn Ihr Hund gerade wegschaut oder etwas anderes tut. Wendet er sich auf den Klick zu Ihnen hin, gibt es die Belohnung. Wenn nicht, war dieser Schritt zu früh, und Sie sollten zurück zum ersten Schritt gehen.

Reagiert der Hund irgendwann sofort auf den Klick, wendet sich Ihnen zu oder sieht Sie erwartungsvoll an, können Sie den nächsten Schritt machen. Hier hat sich bewährt, einen Trick oder ein Kommando zu nutzen, dass der Hund bereits sehr gut kann und besonders gern ausführt. Nehmen wir an, Sie wählen „Sitz" dafür. Dann geben Sie das Kommando „Sitz", klicken in dem Moment, in dem der Hund sich setzt, und geben danach das Leckerli. So wird der Clicker besonders schnell mit der Belohnung verknüpft, da der Hund schon weiß, dass er für die Ausführung des Sitzkommandos belohnt wird.

Lassen Sie sich für den ersten Aufbau viel Zeit. Erst wenn der Hund auf den Clicker sofort reagiert und Sie selbst sich daran gewöhnt und ein gutes Gefühl für das Timing und die manchmal nicht einfache Handhabung von Leckerli und Clicker entwickelt haben, sollten Sie Ihren Clicker für weiterführendes Training nutzen.

Tipps und Tricks beim Aufbau des Clickers:

- Beim Klicken nicht mit dem Clicker auf den Hund zeigen: Manchmal neigt man dazu, das Clickern mit einer Handbewegung zu unterstützen. Hunde achten jedoch sehr auf Körpersprache und Gesten, und so kann es passieren, dass sie mehr auf Ihre Handbewegung als auf das Klickgeräusch konditioniert werden.

- Dem Hund das Leckerli nicht vor dem Klick zeigen: Die Belohnung soll erst nach dem Klick erfolgen. Sieht der Hund das Leckerli schon vorher, locken Sie eher, als zu belohnen. Ein guter Tipp ist hierbei: Stellen Sie eine Schüssel mit Leckerli bereit und nehmen Sie erst direkt nach dem Klick eines heraus. Oder nehmen Sie mehrere Leckerli in die geschlossene Faust. Öffnen Sie die Hand erst und nehmen Sie ein Leckerli heraus, wenn der Klick erfolgt ist.

Wofür eignet sich das Clickertraining?

Clickertraining stammt nicht aus dem Bereich des Hundetrainings, sondern wurde ursprünglich für andere Tierarten verwendet. In den 1960er Jahren beschrieb die US-amerikanische Tiertrainerin Karen Pryor das Clickern erstmalig für Delfine, die sie damit trainierte. Erst danach nutzte sie das Clickern auch zum Trainieren von Hunden.

Im Laufe der Zeit wurde das Clickern dann immer mehr bei Hunden, aber auch vermehrt zum Training von Wildtieren in Zoos eingesetzt. In den Zoos kommt es beispielsweise für das *Medical Training* zum Einsatz, also zur Gewöhnung der Tiere an tierärztliche Behandlung. Dazu gehört das Stillhalten bei Untersuchungen, das Tolerieren von Spritzen oder das Öffnen des Mauls zur Untersuchung der Zähne.

Im Hundetraining eignet sich das Clickertraining für fast alle Situationen, in denen der Hund erwünschtes Verhalten erlernen und öfter zeigen soll. Ganz besonders hilfreich – und damit auch der Grund, warum es hier ausführlich besprochen wird - ist es aber beim Erlernen von Tricks. Für Fortgeschrittene lässt sich mit dem Clicker beispielsweise auch das *Shaping* umsetzen. Unter Shaping versteht man beim Hundetraining, dass ein gewünschtes, komplexes Verhalten Schritt für Schritt herausgeformt wird. Kleine Einzelschritte werden belohnt und nach und nach zum gesamten Trick zusammengesetzt.

Viele der erfolgreichsten Hundehalter-Teams im Trickdogging, Dogdance aber auch Obedience arbeiten, zumindest für den Aufbau neuer Übungen, mit dem Clicker.

Die ersten Schritte: Neue Denkspiele und Aufgaben - Mit diesen 5 Tipps richtig trainieren

Im zweiten Teil dieses Ratgebers finden Sie viele Anregungen und Ideen sowie ausführliche Anleitungen für Denkspiele, Tricks und die geistige Auslastung Ihres Hundes. Damit sich neue Denkspiele erlernen lassen und dem Hund - aber auch dem Halter - viel Freude machen, gibt es einige wichtige Tipps. Setzen Sie diese um, ist Ihr Hund freudig bei der Sache und lernt schnell, und es entsteht durch die gemeinsam gelösten Herausforderungen auch eine enge und vertrauensvolle Bindung zwischen Hund und Halter.

Tipp 1: richtiges Timing

Das richtige Timing ist essenziell, besonders beim Aufbauen von Tricks. Timing bedeutet in diesem Zusammenhang, dass Sie genau dann bestärken oder belohnen, wenn der Hund etwas richtig macht. Dabei kann ein Clicker (siehe oben) helfen. Am wichtigsten ist aber, den Hund und das eigene Verhalten genau zu beobachten.

Tipp 2: kleine Schritte machen

Ein kleinschrittiger Aufbau ist besonders bei komplexeren Denkspielen sehr wichtig. Aber auch vermeintlich relativ einfache Aufgaben sind für Hunde oft kompliziert, wenn sie sie noch nicht kennen. Fangen Sie deshalb immer mit einem einfachen ersten Schritt an und steigern Sie erst nach und nach den Schwierigkeitsgrad. Aus diesem Grund finden Sie bei den Anleitungen zu vielen Denkspielen auch bereits mit angegeben, welche Schritte man dabei gehen kann. Der Vorteil liegt darin, dass der Hund schnell Erfolgserlebnisse hat und neue Denkspiel dadurch freudig mitmacht. Erwarten Sie zu schnell zu viel, entsteht auf beiden Seiten Frust und Enttäuschung.

Tipp 3: klare Signale geben

Tricks sollen in der Regel unter ein Kommando gestellt werden. Das einfachste Beispiel ist wohl „Sitz" für das Hinsetzen. Welches Wort Sie benutzen, ist im Endeffekt egal. Der Hund verknüpft das Wort mit dem Verhalten. Allerdings machen

Sie es sich selbst und dem Hund leichter, wenn Sie einige Grundlagen berücksichtigen:

- Fest definierte Signale sind ein Muss! Dass „Sitz", „Mach' Sitz", „Setz' dich" und „Mach' jetzt endlich Sitz, verdammt noch mal" das Gleiche meinen, ist für Hunde kaum zu erfassen (auch wenn manche Hunde sich erstaunlich gut daran gewöhnen). Übt man viele Tricks, kann es sich sogar lohnen, sich die verwendeten Signale zu notieren, denn dabei kommt oft einiges an Kommandos zusammen.

- Kurze Signale nutzen: Sind zu viele Worte oder Silben enthalten, fällt es dem Hund viel schwerer, sich das Kommando zu merken.

- Zu kurz ist aber auch nicht gut: Einsilbige Worte können gut funktionieren, wie bei „Sitz" und „Platz". Diese sollten aber prägnante Vokale und Konsonanten enthalten und sehr deutlich ausgesprochen werden, sodass der Hund sie gut unterscheiden kann.

- Das Wort sollte im Alltag nicht ständig verwendet werden, damit es sich nicht abnutzt und der Hund letztendlich nicht mehr darauf hört. Manche Hundebesitzer nutzen deshalb gern fremdsprachliche Befehle, da diese im normalen Gespräch sicher nicht verwendet werden.

- Ähnlich klingende Kommandos sollten Sie vermeiden, damit es nicht zu Verwechslungen kommen kann.

Tipp 4: Hörzeichen mit Sichtzeichen kombinieren

Hunde nehmen Körperhaltung, Gesten und Bewegungen von Natur aus sehr deutlich wahr. Schließlich gehört es zur hündischen Kommunikation dazu, feinste Bewegungen von Ohren, Augen, Lefzen, Schwanzhaltung und Körperspannung des Gegenübers zu erkennen. Genauso aufmerksam werden auch Menschen stetig unbewusst „gescannt". Neben dem oben erwähnten, klaren und eindeutigen Hörzeichen sind deshalb auch Sichtzeichen sehr sinnvoll.

Den gehobenen Finger beim Sitz kennt fast jeder Hundehalter. Aber auch für verschiedene Tricks und Situationen im Alltag lässt sich ein Sichtzeichen trainieren. Wichtig ist hierbei, dass auch die Handbewegungen sich klar voneinander abgrenzen lassen und eindeutig und immer gleich ausgeführt werden - genauso wie die akustischen Kommandos.

Tipp 5: Denkspiele und Beschäftigungen an den Hund anpassen

Jeder Hund ist anders. Welpen benötigen sehr viel ihrer Lernkapazität für den neuen Alltag und all das, was sie dabei lernen müssen - von Stubenreinheit über das Gehen an der Leine bis hin zum Kennenlernen vieler neuer Menschen, Hunde und Umgebungen. Entsprechend ist hier weniger mehr, und Denkspiele sollten zunächst eher zweitrangig sein.

Wieder anders sieht es bei Hunden aus, die nie gelernt haben, eng mit dem Menschen zusammenzuarbeiten. Das können Hunde aus dem Tierheim/Tierschutz sein, oder Hunde, die isoliert, beispielsweise im Zwinger, aufwachsen mussten. Diese Hunde müssen oft ganz neu erlernen, dass es sich lohnt und Spaß macht, solche aus Hundesicht oft sehr merkwürdigen Dinge mit ihrem Menschen gemeinsam zu machen. Bei Hunden mit gewissen Altlasten kann es durchaus vorkommen, dass man nie über das Anfängerlevel hinauskommt, was dann aber bereits ein großer Erfolg und völlig in Ordnung ist.

Eine Besonderheit stellen auch alte Hunde dar. Bei den Senioren sind oft körperliche Einschränkungen vorhanden, sodass bestimmte Bewegungen besser weggelassen werden sollten. Vielleicht lassen auch Gehör, Sehvermögen und Geruchssinn langsam nach, oder der Hund zeigt weniger Interesse an Beschäftigung und schläft lieber mehr. Hierbei sollten Sie daran denken, dass Sie Ihrem alten Hund dennoch Beschäftigung und Denkspiele gönnen, wenn Sie merken, dass es ihm guttut und Freude bereitet. Passen Sie das Pensum an den aktuellen Stand an, der sich aber immer wieder verändern kann.

Zusätzlich gibt es auch noch große Unterschiede bei der Intelligenz, der Motivierbarkeit, dem Aktivitätslevel und auch dem Will-to-please (dem Willen zu gefallen, also der inneren Motivation des Hundes, dem Menschen zuliebe alles mitmachen und richtig machen zu wollen). Darum finden Sie im nächsten Kapitel drei einfache kurze Tests, mit denen Sie viel über den individuellen Stand und Charakter Ihres Hundes herausfinden können.

4

Welche Beschäftigung und Denkspiele passen zu meinem Hund?

Wie im vorherigen Kapitel schon erwähnt wurde, ist jeder Hund anders. Doch wie finden Sie nun die passende Beschäftigung für Ihren Hund? Schauen Sie dafür zunächst, welche generelle Art von geistiger Auslastung für Sie und Ihren Hund überhaupt infrage kommt. Um Ihnen die Entscheidung zu erleichtern, folgt außerdem ein Test, mit dem Sie sehen können, in welche Richtung die Beschäftigung mit Ihrem Hund gehen könnte.

Welche Arten von geistiger Beschäftigung kommen infrage?

Es gibt einige Beschäftigungen, die sich in Innenräumen perfekt durchführen lassen. Für andere ist der Garten oder der Spaziergang besser geeignet. Hier können Sie frei wählen, was Ihnen besonders liegt. Zudem stellt sich auch die Frage, ob Sie lieber allein mit Ihrem Hund üben oder das in einer Hundegruppe tun möchten. Für Ersteres wird Ihnen dieser Ratgeber hoffentlich eine Hilfe sein. Für Zweiteres bieten viele Hundevereine und Hundeschulen zahlreiche Hundesportarten, Freizeitgruppen oder Übungsgruppen an.

Dieser Ratgeber dreht sich in erster Linie um Denkspiele, wozu hier auch Suchspiele, Tricks und Intelligenzspiele gezählt werden. Denn diese haben sehr viele Vorteile: Sie lassen sich überall durchführen, sind meist ohne Hilfsmittel oder zumindest sehr kostengünstig umsetzbar, und viele Denkspiele sind so anspruchsvoll, dass wenige Minuten am Tag schon reichen können, damit Ihr Hund merklich ausgeglichener und zufriedener ist.

Mit dem folgenden Test können Sie Anhaltspunkte finden, womit Sie mit Ihrem Hund beginnen können.

3 Tests: So finden Sie heraus, welche Beschäftigung ideal ist

Manchmal spricht man bei ähnlichen Tests auch von Intelligenztests oder IQ-Tests für Hunde. Allerdings ist das nicht ganz fair, impliziert das doch, dass ein Hund, der in einem solchen Test schlecht abschneidet, weniger klug ist. Das ist jedoch ganz und gar nicht der Fall, denn in das Ergebnis spielen verschiedene Faktoren mit hinein: die Intelligenz, das „Vorwissen" (Training, Erziehung), die Hunderasse, das Alter des Hundes und der Will-to-please (Wille, dem Menschen zu gefallen). Auch ein Hund, der schon lange beim Besitzer ist und dementsprechend eine gute Bindung und ein enges Vertrauensverhältnis zu ihm hat, wird dabei oft besser abschneiden als ein Tierschutzhund, der schlechte Erfahrungen (oder kaum Lernerfahrungen) gemacht hat. Weniger intelligent ist der Tierschutzhund deshalb noch lange nicht.

Also sagen wir lieber: Es geht darum, den aktuellen Ist-Stand festzustellen, ganz ohne Wertung oder Punktzahl, sondern nur, um dem Hund die am besten passenden Denkspiele heraussuchen zu können. Angelehnt sind die Tests übrigens an den sehr umfassenden Hunde-Intelligenztest des Forschers Stanley Coren, sie wurden jedoch an die Fragestellung der passenden Beschäftigung angepasst.

Der Merktest: Kurzzeit- und Langzeitgedächtnis testen

Lassen Sie den Hund an einer Stelle warten. Wenn er noch kein zuverlässiges „Bleib" kann, können Sie ihn mit der Leine festmachen, oder eine andere Person hält ihn fest. Nehmen Sie jetzt ein Leckerli und legen Sie es weiter weg vom Hund irgendwo im Zimmer ab, wo der Hund es aber gut sehen kann.

Teil 1: Kurzzeitgedächtnis

Gehen Sie jetzt mit dem Hund aus dem Zimmer, stoppen Sie 15 Sekunden ab und lassen Sie den Hund dann (ohne Leine) in den Raum.

Teil 2: Langzeitgedächtnis

Legen Sie das Leckerli erneut so aus, dass der Hund es sehen kann (aber unbedingt an einer anderen Stelle als bei der Übung zuvor). Gehen Sie jetzt mit dem Hund aus dem Zimmer, warten Sie 5 Minuten und lassen Sie den Hund dann (ohne Leine) in den Raum.

Ergebnis:

Läuft der Hund sofort gezielt zum Leckerli? Oder sucht er zumindest von Anfang an in der richtigen Ecke? Dann hat er ein sehr gutes Kurzzeit- bzw. Langzeitgedächtnis. Sucht er beim zweiten Versuch erst in der Ecke von Versuch 1, ist auch das ein Zeichen für eine gute Merkfähigkeit.

Sucht er im zweiten oder in beiden Versuchen unsystematisch, bis er das Leckerli eher zufällig findet? Dann können Sie Ihren Hund gezielt mit den Denkspielen fördern, die mit **„fördert die Merkfähigkeit"** markiert sind.

Sucht Ihr Hund bei diesem Versuch gar nicht oder hat generell am Suchen kein Interesse? Dann probieren Sie am besten aus, welche anderen Denkspiele - beispielsweise Tricks oder Intelligenzspiele - ihm vielleicht besser liegen als Such- und Merkspiele.

Der Hütchentest: Test auf Kreativität und Problemlösung

Legen Sie ein Leckerli und einen Plastikbecher oder eine ähnliche Abdeckung bereit. Zeigen Sie dem Hund das Leckerli. Dann legen Sie es auf den Boden, stülpen den Becher darüber und schauen auf die Uhr.

Ergebnis:

Findet der Hund das Leckerli nach weniger als 15 Sekunden, gehört er zu den besonders kreativen Hunden, die Probleme schnell lösen. Braucht er mehr als 30 Sekunden, sogar mehr als 1 Minute oder gibt auf, kann es sich lohnen, dass Sie die Kreativität gezielt fördern. Dafür eignen sich die Denkspiele, die mit **„fördert Kreativität und Problemlösungsvermögen"** markiert sind.

Der Wolldeckentest: Test auf Selbstvertrauen und Problemlösung

Achtung! Diesen Test nur machen, wenn der Hund darauf nicht ängstlich oder schon gar nicht panisch reagiert. Dann bitte sofort abbrechen.

So funktioniert es: Nehmen Sie eine dünne Wolldecke, ein Handtuch in passender Größe oder eine Hundedecke. Zeigen Sie diese dem Hund und lassen Sie ihn daran schnuppern. Dann legen Sie die Decke locker über Schultern und Kopf des Hundes. Stoppen Sie die Zeit, die der Hund braucht, um die Decke loszuwerden.

Ergebnis:

Wird der Hund die Decke schnell los, beispielsweise in weniger als 30 oder sogar bestenfalls unter 15 Sekunden, löst er Probleme sehr souverän.

Zeigt der Hund sich zögerlich, braucht lange oder reagiert gar nicht, dann nehmen Sie, wenn nötig, das Tuch bitte nach spätestens einer Minute wieder ab. Bei diesen Hunden sind die Übungen, Tricks und Spiele ideal, die mit **„fördert Selbstvertrauen"** markiert sind. Diese unterstützen den Hund, damit er aktiver nach Lösungsstrategien sucht und lernt, selbst auf seine Fähigkeiten zu vertrauen.

Der Hund im Mittelpunkt

Egal wie Ihr Hund sich bei diesen Tests geschlagen hat: Denken Sie daran, dass bei allen Denkspielen immer der Spaß im Vordergrund steht. Haben Sie als Mensch-Hund-Team Freude aneinander und genießen Sie, wie das gemeinsame Üben Sie immer enger zusammenschweißt.

Schauen Sie, was dem Hund und Ihnen liegt. Entscheiden Sie selbst, ob Sie gemeinsam gerne neue Sachen ausprobieren und sich so immer wieder wechselnden Herausforderungen stellen, oder ob Sie sich lieber eines der schwierigeren Denkspiele oder komplexen Tricks aussuchen, die Sie mit stetig steigendem Schwierigkeitsgrad üben können. Alle nötigen Anleitungen finden Sie im nächsten Teil des Ratgebers.

5

Denkspiele – Anleitungen und Ideen

Hier finden Sie zahlreiche Anleitungen und Ideen für unterschiedliche Denkspiele. Damit Sie sofort sehen, was zu Ihnen und Ihrem Hund passt, ist angegeben, ob das jeweilige Denkspiel sich eher für Anfänger (ungeübte Hunde, Welpen), für Fortgeschrittene oder für echte Profis eignet. Einige Tricks und Spiele lassen sich auch im Schwierigkeitsgrad steigern, sodass Sie über lange Zeit daran weiterüben und immer bessere Ergebnisse erreichen können.

Suchspiele und klassische Denkspiele

Hier finden Sie **Suchspiele und Denkspiele**, bei denen der Hund vor allem seine Nase, aber oft auch seine Merkfähigkeit intensiv einsetzen muss. Das lastet Hunde sehr gut aus, da gerade die Nasenarbeit für Hunde anstrengend, aber auch sehr befriedigend ist. Daher reicht eine Übungszeit von 5 bis maximal 10 Minuten aus, sonst kann es für den Hund zu anstrengend werden. Die meisten Suchspiele können Sie gut in Innenräumen oder sowohl indoor als auch outdoor durchführen. Am Schluss dieses Kapitels finden Sie aber auch einige Suchspiele, die Sie besonders gut unterwegs oder im Garten anwenden können.

Suchspiel 1: Suchen lernen – die einfache Futtersuche

Geeignet für: alle Hunde

Kennt der Hund das Kommando „Such" noch nicht gut, oder möchten Sie einem Welpen zunächst einmal das Suchen näherbringen? Dann ist dieses Suchspiel ideal, das zwar sehr einfach gehalten ist, das aber so gut wie jeder Hund sein Leben lang immer wieder gerne mitmacht.

Werfen Sie zunächst ein Leckerli auf den Boden. Deuten Sie darauf und sagen Sie: „Such". Im nächsten Schritt kullern Sie das Leckerli vom Hund weg über den Boden und schicken ihn mit „Such" hinterher, während Sie mit dem Arm wieder deutlich auf das Leckerli deuten. Klappt das gut, können Sie ausprobieren, ob der Hund das Wort „Such" verstanden hat. Legen Sie ein Leckerli aus, während der Hund nicht hinschaut. Rufen Sie den Hund, zeigen Sie mit der Hand in Richtung des Leckerli und sagen Sie: „Such". Geht der Hund erwartungsvoll in die Richtung und beginnt zu schnuppern? Dann ist ein großer Schritt geschafft, denn der Hund hat bereits verinnerlicht, dass „Such" bedeutet: Hier lohnt es sich zu schnüffeln, denn hier liegt etwas Gutes.

Steigern lässt sich das Spiel ganz einfach, indem Sie die Leckerli nicht mehr offen auslegen, sondern zunehmend schwerer verstecken, sodass der Hund sie suchen muss.

Besonderheiten:

- hilft beim Erlernen des „Such"-Kommandos.

Suchspiel 2: Schnüffelkiste

Geeignet für: alle Hunde

Diese Beschäftigung macht fast jeder Hund gerne mit. Sie benötigen einen leeren Pappkarton in passender Größe, leere Toilettenpapierrollen und Papier (gut ist zum Beispiel Packpapier). Der Rand des Kartons soll so niedrig sein (oder eine Seite wird mit einer Schere niedriger gemacht), dass der Hund mit der Nase bis auf den Boden des Kartons reicht.

Füllen Sie jetzt den Karton mit Klopapierrollen und zusammengeknülltem oder in Streifen gerissenem Papier. Dafür eignet sich Packpapier am besten. Verzichten Sie auf Zeitungen (wegen der Druckerschwärze) und Küchenpapier (das ist gebleicht und löst sich im Hundemaul zudem schnell auf). Anderes Füllmaterial sind zusammengeknotete Stücke Stoff oder Handtuchstreifen und generell alles, was ungiftig ist, nicht scharfkantig ist und nicht verschluckt werden kann.

Streuen Sie jetzt eine Handvoll Leckerli in die volle Schnüffelkiste. Gut sind Trockenfutterstücke mit kleiner Größe oder kleingeschnittene Lieblingsleckerli - aber natürlich können Sie auch mischen. Fertig. Jetzt kann der Hund anfangen zu suchen. Einige Hunde suchen chaotisch und wahllos oder steigen voller Begeisterung in die Kiste. Andere suchen ruhig und konzentriert mit der Nase. Einige nehmen sogar systematisch nach und nach das Füllmaterial aus dem Karton, um die Leckerli besser finden zu können. Zu welchem Typ gehört Ihr Hund?

Auch kleine Spielzeuge können Sie mit hineinlegen. Es ist spannend zu sehen, ob der Hund kurz (oder länger) aufhört zu suchen und mit dem Spielzeug spielt, oder ob Futter Vorrang hat und das Spielzeug ignoriert wird.

Steigerung für Fortgeschrittene:

Kennt der Hund die Schnüffelkiste gut, kann die Schwierigkeit erhöht werden. Wickeln Sie einige Leckerli in Packpapier ein. Aber Achtung: Das eignet sich nur für Hunde, die vor Gier nicht das Papier mitfressen! Oder Sie füllen die Klopapierrollen oder leere Rollen von Küchenpapier mit besonders guten Leckerli wie einem kleinen Kauknochen, in dem Sie die Enden auf beiden Seiten nach innen falten und dadurch verschließen, sodass der Hund sie erst öffnen muss.

Besonderheiten:

- **fördert Kreativität und Problemlösungsvermögen**, denn der Hund muss immer wieder neu überlegen, wie er die Leckerli findet oder auspackt.

Suchspiel 3: Schnüffel-Handtuch

Geeignet für: alle Hunde (keine Welpen)

Einfacher und schneller lässt sich ein Schnüffelspiel kaum gestalten, und doch macht dieses kurze Suchspiel den meisten Hunden viel Freude. Hundehalter benötigen dafür nur einige Leckerli und ein altes Handtuch.

Breiten Sie das Handtuch aus. Rollen Sie es dann zusammen oder falten Sie es, wobei Sie in jede Umdrehung oder Lage ein oder zwei Leckerli legen. Der Hund darf dabei gerne zuschauen - das steigert die Vorfreude und Motivation und ist zugleich eine gute „Bleib"-Übung. Ist das Handtuch klein zusammengerollt oder gefaltet, können die restlichen Leckerli noch seitlich zwischen die Lagen geschoben werden. Jetzt kann die Suche losgehen.

Manche Hunde rollen oder falten das Handtuch nach einiger Übung penibel und systematisch auseinander. Andere schieben es eher so lange mit der Nase hin und her, bis alle erschnüffelten Leckerli gefunden sind. Ganz schlaue Hunde heben es auf und schütteln, bis alle Leckerli auf einmal herausfallen. Hauptsache, der Hund hat Spaß dabei. Als Steigerung können Sie später ein größeres Handtuch nutzen.

Achtung: Kaut der Hund stark auf dem Handtuch und versucht, sich zum Futtergeruch durchzubeißen (wobei Fäden aus dem Stoff gefressen werden könnten), brechen Sie besser ab und nutzen Sie lieber andere Suchspiele.

Besonderheiten:

- **fördert Kreativität und Problemlösungsvermögen**, denn der Hund muss eine Strategie finden, wie er das Handtuch „entwirren" kann; zudem verhält sich das Handtuch nie ganz gleich und lässt sich unterschiedlich falten.

Suchspiel 4: Spielzeug oder Dummy suchen

Geeignet für: alle Hunde

Hat Ihr Hund ein Lieblingsspielzeug? Ansonsten lässt sich auch sehr gut ein Dummy oder Futterbeutel nutzen. Ziel bei diesem Suchspiel ist es, dass der Hund einen Gegenstand sucht. Kann der Hund schon Apportieren (siehe unten), kann er den Gegenstand danach natürlich gerne auch zu Ihnen bringen. Das ist aber nicht nötig, hier liegt der Schwerpunkt auf der Suche.

Für die erste Übung können Sie das Spielzeug oder einen anderen Gegenstand nach Wahl so verstecken, dass der Hund Sie dabei beobachten kann. Das macht die Suche für Anfänger leichter, da die Hunde dann schon recht genau wissen, wo sie suchen müssen.

Die Schwierigkeit steigern:

Ein netter Trick, um die Suche etwas zu erschweren, ist das „Antäuschen". Halten Sie das Spielzeug, den Dummy oder Futterbeutel so in der Hand, dass der Hund ihn eher schlecht sehen kann, beispielsweise indem Sie sich ein wenig vom Hund wegdrehen. Beugen Sie sich jetzt an mehreren Stellen nach unten und tun so, als würden Sie das Spielzeug dort ablegen. Am besten sollten Sie vor oder nach dem echten Versteckplatz jeweils mindestens ein Versteck antäuschen. Schicken Sie dann den Hund los. Hier lässt sich gut die Merkfähigkeit des Hundes beurteilen und auch fördern, denn der Hund muss sich mehrere Stellen merken.

Für geübte „Suchhunde":

Ist dem Hund bereits klar, dass er suchen und was er suchen soll? Dann kann eine echte „Blindsuche" losgehen. Lassen Sie den Hund um die Ecke, drinnen (wenn Sie den Gegenstand draußen verstecken) oder in einem anderen Zimmer außer Sicht warten. Verstecken Sie den Gegenstand. Dann darf der Hund suchen.

Eine weitere mögliche Steigerung finden Sie auch bei Suchspiel 14: „die Verloren-Suche".

Besonderheiten:

- **fördert Selbstvertrauen**, denn der Hund hat jedes Mal ein Erfolgserlebnis, wenn er den Gegenstand selbstständig findet.
- **fördert die Merkfähigkeit**, denn der Hund muss aufmerksam darauf achten, wohin sein Mensch geht und wo der Gegenstand versteckt sein könnte.

Suchspiel 5: Apportieren lernen mit dem Futterbeutel

Geeignet für: alle Hunde (keine Welpen)

Kann Ihr Hund noch nicht oder nicht gut apportieren? Dann ist der Futterbeutel oft ein sehr gutes Hilfsmittel. Hierfür sind gekaufte Futterdummys ideal, die wie ein Mäppchen bzw. Schlampermäppchen aussehen und einen Reißverschluss haben.

Erster Aufbau:

Einen Futterbeutel finden die meisten Hunde sehr interessant. Logisch, schließlich riecht er ja auch ausgesprochen lecker. Jetzt muss der Hund jedoch lernen, dass er die Hilfe seiner Besitzerin oder seines Besitzers braucht, um an den verlockenden Inhalt zu kommen. Nehmen Sie den Hund dazu anfangs am besten an eine Schleppleine, damit er nicht mit dem Beutel weglaufen kann, und binden Sie auch den Dummy an eine kurze Leine (1 bis 2 m Länge).

Versuchen Sie jetzt, den Hund dazu zu animieren, dass er den Beutel aufhebt und trägt. Je nach Hund müssen Sie hier manchmal in ganz kleinen Schritte vorgehen. Oft hilft es auch, den Futterbeutel interessant zu machen, indem Sie selbst damit spielen und den Beutel ganz offensichtlich superspannend und toll finden. Das macht fast alle Hunde neugierig. Gut ist meist auch, wenn Sie den Dummy am Seil über den Boden ziehen.

Sobald der Hund den Beutel anschnüffelt, anstupst oder sogar ins Maul nimmt, sollten Sie loben und den Futterdummy gegen ein Leckerli tauschen. Will der Hund mit dem Beutel weglaufen, sollten Sie ihn sanft an dem am Futterbeutel befestigten Seil zu sich ziehen.

Apportieren perfektionieren:

Funktionieren die ersten Schritte, können Sie alle Schritte steigern. Der Hund soll letztendlich den Dummy aufheben, zu Ihnen bringen und auf das Kommando „Aus" geben.

Dann erhält der Hund kein separates Leckerli mehr. Stattdessen öffnen Sie den Futterbeutel und geben dem Hund entweder etwas Futter daraus oder lassen es ihn selbst herausnehmen. Bei Letzterem sind manche Hunde recht stürmisch - hier ist dann oft etwas Feingefühl nötig, damit der Hund nicht gierig den ganzen Beutel leerräumt.

Steigerung für Fortgeschrittene:

Eine Steigerung ist möglich, indem eine Übung zur Impulskontrolle eingebaut wird. Der Hund darf dann nicht sofort los, wenn der Futterbeutel geworfen wird, sondern soll auf eine Freigabe warten. Dies bauen Sie in ganz kleinen Schritten auf, indem der Beutel zunächst nach dem Kommando „Bleib" dicht vor den Hund gelegt wird und recht kurz danach eine Freigabe (oft wird „Okay" oder „Nimm's" genutzt) folgt. Später können Sie Zeiten und Strecken steigern, bis letztendlich der Hund sitzt, der Futterbeutel fliegt und landet, der Hund weiter sitzt und zuletzt ein „Okay" ertönt und der Hund den Beutel apportiert.

Besonderheiten:

- **stärkt Vertrauen**; vor allem bei Hunden, die Futter oder Spielzeug besonders stark als Ressource betrachten und auch verteidigen, ist es wichtig, dass sie lernen, dass sich die Abgabe an den Menschen hier sehr lohnt.

Suchspiel 6: Apportieren 2.0 - wir erhöhen den Schwierigkeitsgrad

Geeignet für: alle Hunde

Kann der Hund bereits recht gut apportieren? Dann gibt es noch zwei Steigerungsmöglichkeiten, mit denen sich das Apportiertraining variieren und intensivieren lässt.

- Eine zusätzliche Schwierigkeit wird eingebaut, wenn der Futterdummy nicht geworfen, sondern versteckt wird. Dabei können Sie die Verstecke zunehmend schwieriger gestalten und den Dummy außer Sicht das Hundes verstecken, sodass drei Dinge zusammenkommen: Geduldiges Warten, bis der Futterbeutel (oder alternativ ein Spielzeug oder Ähnliches) versteckt ist, dann eine Suche, dann das Apportieren.

- Eine ganz andere Steigerung ist ideal, wenn der Hund auch schon einen sehr sicheren Abruf kennt. Dann ist es möglich, den wartenden Hund zum Futterbeutel zu schicken und kurz nach dem Loslaufen wieder zurückzurufen - also noch, bevor der Hund am Futterbeutel angekommen ist. Das ist eine der anspruchsvollsten Übungen, die meist in ganz kleinen Schritten aufgebaut und bei der der Hund fürs Zurückkommen sehr hochwertig belohnt werden muss. Sie ist aber auch eine ideale Übung, um den Hund im Notfall auch im Freilauf zurückrufen zu können, wenn er etwas jagt. Darum sind solche Übungen oft Bestandteile des Anti-Jagd-Trainings.

Besonderheiten:

- **fördert Selbstvertrauen**, da komplexe Aufgaben bewältigt werden.
- **dient als Anti-Jagd-Training**, weil die Impulskontrolle gestärkt wird und der Hund auch während der „Jagd" noch auf den Rückruf hören soll.

Suchspiel 7: In welcher Hand ist der Keks?

Geeignet für: alle Hunde

Dieses einfache und kurze Suchspiel ist ideal für die kleine Beschäftigung zwischendurch. Zeigen Sie dem Hund ein Leckerli. Nehmen Sie das Futterstück jetzt in eine Hand, ohne dass der Hund sieht, in welcher Hand es ist. Schließen Sie beide Hände zur Faust und halten Sie sie ausgestreckt nach vorne. Der Hund bekommt die Belohnung nur, wenn der die Futterhand antippt. Geht er zuerst zur falschen Hand, knabbert oder stupst daran (kurz schnuppern ist natürlich okay), sagen Sie: „Schade", nehmen beide Hände weg und warten kurz, bis das Spiel wieder neu beginnt. Einige Hunde brauchen länger dafür, andere verstehen schneller, dass sie gezielt nur noch zur Futterhand gehen sollen.

Besonderheiten:

- **gut für Suchanfänger**, denn gerade ungeübte oder junge Hunde versuchen bei Suchspielen oft eher ziellos, an das Futter zu kommen.

- **fördert Konzentration**, weil der Hund sich hier zurücknehmen und erst in Ruhe das Futter erschnuppern soll.

Suchspiel 8: Zieh' an der Schnur!

Geeignet für: alle Hunde (keine Welpen)

Diese Übung ist sehr einfach vorzubereiten: Binden Sie eine Schnur von ca. 50 cm Länge an einen Futterbeutel. Schieben Sie den Futterbeutel unter ein Bett oder Sofa oder an irgendeine andere Stelle, an die der Hund nicht kommt. Nur die Schnur hängt dabei griffbereit heraus.

Die meisten Hunde probieren nun einige Sachen aus, um an das gut riechende Futter zu gelangen. Zieht der Hund absichtlich oder aus Versehen an der Schnur den Futterbeutel ein Stück nach vorne, können Sie sofort den Beutel öffnen und den Hund daraus belohnen. Zieht der Hund nicht selbst daran, helfen Sie ihm. Ziehen Sie selbst in kleinen Schritten immer wieder an der Schnur und schauen Sie, ob der Hund Ihre Taktik nachahmt.

Hat der Hund einmal verstanden, dass er den Beutel an der Schnur hervorziehen soll, können Sie das Spiel überall durchführen. Stecken Sie den Futterbeutel in Ritzen, vergraben Sie ihn draußen unter Laub oder Schnee oder legen Sie ihn höher, sodass der Hund nur die herabhängende Schnur sehen kann. Bestimmt fallen Ihnen noch viel mehr Versteckmöglichkeiten ein.

Besonderheiten:

- **fördert Selbstvertrauen**, denn der Hund löst zunehmend schwerere Aufgaben und erarbeitet sich selbst seine Beute durch das Ziehen an der Schnur.
- **fördert Kreativität und Problemlösungsvermögen**, weil die Herausforderung jedes Mal etwas variiert werden kann.

Suchspiel 9: kleine Fährten legen

Geeignet für: alle Hunde

Echte Fährtenarbeit, wie zum Beispiel Jagdhunde sie leisten, muss langwierig aufgebaut werden und ist eine große Herausforderung. Allerdings können Sie einfache Fährten auch im Kleinen für den eigenen Hund legen, und zwar sowohl drinnen als auch im Freien.

Der Hund sollte anfangs immer an der Leine sein, denn am Ende der Fährte platzieren wir eine Jackpot-Belohnung, die jedoch die Belohnung für das Folgen der Fährte sein soll. Wir möchten also nicht, dass der Hund seiner Nase folgend einfach per Luftlinie auf den Jackpot zusteuert. Steuert der Hund trotzdem immer nur auf die Belohnung am Ende zu? Dann nehmen Sie diese weg und geben Sie sie dem Hund aus der Hand, sobald er am Ende der Fährte angelangt ist.

Drinnen oder draußen lässt sich eine Fährte umsetzen, indem Sie über eine bestimmte Strecke im Abstand von 10 bis

30 cm (je nach Hundegröße) kleine Leckerli legen. Die Leckerlispur kann mit zunehmendem Schwierigkeitsgrad immer länger und die Abstände zwischen den Leckerli größer werden. Am Ende liegt ein größeres Häufchen der Leckerli oder eine andere, besonders leckere Belohnung. Zuletzt reicht es manchmal, das Leckerli nur noch über den Boden zu ziehen, sodass eine Geruchsspur entsteht.

Für den Garten gibt es eine sehr praktische Fährtenmöglichkeit, für die Sie Bockwürste im Glas benötigen. Mit dem Wurstwasser legt Sie eine Fährte, indem Sie die Flüssigkeit in einer dünnen Spur über das Gras gießen (später reicht dann eine Spur aus Tropfen aus). Am Ende der Fährte gibt es als Belohnung ein Stück Bockwurst.

Achtung: Nicht allen Hunden liegt das Fährtenschnuppern. Einige Hunde arbeiten lieber mit den Augen, als intensiv mit der Nase am Boden einer Fährte zu folgen. Seien sie also nicht enttäuscht, wenn diese Übung mit Ihrem Hund vielleicht nicht klappt.

Besonderheiten:

- **fördert Selbstvertrauen**, weil der Hund selbständig eine Fährte ausarbeitet, was dem natürlichen Verhalten vieler nasenorientierter Hunde sehr gut entspricht.

- **fördert Konzentration**, denn das zuverlässige Verfolgen einer Spur bis zum Ende erfordert viel Geduld, Konzentration und Beharrlichkeit.

Suchspiel 10: „Drogensuche" oder „It´s tea time!"

Geeignet für: alle Hunde

Natürlich sollen hier keine Drogen gesucht werden - dennoch soll diese Beschäftigung ähnlich wie die Suche bei Drogenhunden ablaufen. Der Hund sucht dabei nach einem bestimmten Geruch. Ideal sind hier Teebeutel geeignet: Sie sind klein, bereits handlich verpackt und riechen auffällig und stark. Ob man nun lieber Kamille, Pfefferminz oder eine andere Teesorte wählt, ist nebensächlich (es sollte aber natürlich immer die gleiche sein).

So funktioniert es: Zeigen Sie dem Hund zunächst einen Teebeutel der gewählten Sorte. Loben Sie (oder klicken Sie), sobald der Hund den Beutel anstupst oder daran schnuppert. Nach und nach können Sie das so weit verstärken, dass sie den Teebeutel vor sich auf den Boden legen, der Hund ihn auf ein Kommando (vielleicht „Pfefferminze!") anstupst und von Ihnen dafür eine Belohnung bekommt.

Steigern lässt sich die Drogensuche, indem der Beutel nun nach und nach immer weiter weg platziert und später dann zunehmend schwerer versteckt wird. Letztendlich können Sie den Teebeutel dann an Stellen verstecken, bei denen der Hund etwas überlegen muss, wie er Ihnen den Teebeutel zeigen kann. Denkbar wäre hier beispielsweise unter einem umgedrehten Karton, auf dem Couchtisch oder unter eine Couchecke geschoben.

Besonderheiten:

- **fördert Selbstvertrauen**, denn der Hund löst eigenständig eine schwierige Aufgabe.
- **fördert Kreativität und Problemlösungsvermögen**, da die Aufgabe zunehmend komplexer wird.

Suchspiel 11 (Outdoor): großflächige Suche nach Leckerli

Geeignet für: alle Hunde

Für Hunde mit wenig oder gar keiner Sucherfahrung, auch für Welpen, ist dieses Spiel ganz einfach umsetzbar. Aber auch Such-Profis haben daran viel Freude und können auf ganz einfache Weise für einige Minuten intensiv beschäftigt werden.

Diese Suche sollten Sie im Garten oder beim Gassigehen durchführen, denn sie funktioniert ideal auf Gras oder Laub. Zudem wäre sie im Haus recht unhygienisch, denn dafür sollten Sie sehr gut riechende, ganz klein geschnittene Leckerli bereithalten. Gut eignen sich kleine Käsestückchen, Wurst oder auch kleingeschnittene getrocknete Hühnerbruststreifen. Je kleiner und mehr Stücke, desto besser. Der Ablauf ist ganz einfach: Streuen Sie die Leckerli großflächig, also über einige Quadratmeter verteilt, aus. Bauen Sie bei Anfängern ganz nebenher damit auch das „Such" auf, indem Sie direkt nach dem Auswerfen der Leckerli auf den Bereich deuten und deutlich sagen: „Such!"

Hunde suchen mit dieser Methode besonders lange und gerne. Zum einen haben Sie durch die vielen kleinen Stückchen sehr viele kleine Erfolgserlebnisse, zum anderen animieren die stark riechenden Leckerli auch dazu, bereits abgesuchte Bereiche zur Sicherheit noch einmal durchzuschnüffeln, da das Gras immer noch danach riecht. Das sorgt für eine lange, intensive Suche, die - so einfach die Vorgehensweise auch ist - Hunde sehr gut auslastet und so gut wie jedem Hund Freude macht.

Besonderheiten:

- **hilft beim Erlernen des „Such"-Kommandos.**
- **fördert die Konzentration und lastet gut aus**, da Hunde zum langen, ausdauernden und systematischen Suchen animiert werden.

Suchspiel 12 (Outdoor): gezielte Suche nach Leckerli

Geeignet für: alle Hunde (keine Welpen)

Dieses Spiel kann man sehr gut unterwegs beim Spaziergang durchführen, aber auch im Garten funktioniert es prima. Der Hund muss nun warten (wenn er das noch nicht kann, leinen Sie ihn an, oder eine zweite Person hält den Hund fest). Dann darf der Hund zuschauen, während Sie an mehreren Stellen nacheinander Futterstücke verstecken. Schicken Sie den Hund dann zur Suche. Vielleicht werden

Sie bemerken, dass der Hund mit der Zeit immer systematischer in der Suche wird und sich die Verstecke besser nacheinander merken kann.

Steigerung für Fortgeschrittene: Legen Sie immer mehr Leckerli hintereinander aus oder wählen Sie Stellen, an denen der Hund etwas länger suchen muss. Dabei können Sie das Leckerli auch anspruchsvoll verstecken, beispielsweise unter Laub vergraben, unter einen Stein legen, in die Baumrinde von Bäumen klemmen - oder was immer Ihnen einfällt und sich in der jeweiligen Gegend anbietet. Versteckte Leckerli erst nach einer Suche zu finden, gibt dem Hund ein Erfolgserlebnis, dass das Selbstvertrauen stärkt. Und je nach Versteck und dem Aufwand, den der Hund zum Herausholen seiner Belohnung betreiben muss, steigert dieses Denkspiel auch das Problemlösungsvermögen.

Besonderheiten:

- **fördert ruhige Konzentration**, denn der Hund soll ruhig und konzentriert warten und zuschauen, während Sie die „Beute" verstecken.
- **fördert Selbstvertrauen**, denn der Hund hat immer wieder Erfolgserlebnisse, wenn er zunehmend schwierige Suchen meistert.
- **fördert Merkfähigkeit**, da der Hund sich mehrere Versteckplätze merken muss.

Suchspiel 13 (Outdoor): der Schlaraffenland-Baum

Geeignet für: alle Hunde

Dieses Spiel können Sie immer dort einbauen, wo größere Bäume zu finden sind. Ideal sind Bäume mit einer Rinde, die viele Rillen oder Risse hat. Nehmen Sie hier am besten weichere Leckerli. Gut funktioniert Käse, Sie können aber auch halbfeuchtes, weicheres Trockenfutter (Soft-Trockenfutter) verwenden, das ist nicht ganz so fettig und geruchsintensiv. Klemmen Sie jetzt Futterstücke an verschiedenen Stellen in die Rinde. Einige können leicht erreichbar auf Nasenhöhe sein, andere so hoch, dass der Hund nur mit Männchen machen, recken und strecken an das Futter gelangt. Achten Sie dabei aber stets auf die heimische Baumwelt - reißen Sie keine Rindenstücke ab und klemmen Sie die Leckerli nicht so fest in die Rinde, dass der Hund intensiv mit Zähnen oder Krallen daran arbeiten muss.

Besonderheiten:

- **fördert die Merkfähigkeit**, wenn der Hund zuschauen darf, während Sie die Leckerli platzieren.
- **fördert Kreativität und Problemlösungsvermögen**, wenn das Futter nicht immer sofort zu finden oder nicht so einfach zu erreichen ist (gilt vor allem, wenn der Hund „blind" suchen muss, also beim Verstecken nicht zuschauen durfte).

Suchspiel 14 (Outdoor): die Verloren-Suche

Geeignet für: alle Hunde (keine Welpen)

In Suchspiel 4 wurde bereits beschrieben, wie Hunde einen Gegenstand suchen können, und in Suchspiel 5, wie man einem Hund das Apportieren beibringt. Aufbauend darauf eignet sich dieses Suchspiel für Hunde, die am besten schon apportieren können, aber auf jeden Fall einen Gegenstand gut kennen und gerne suchen.

Nehmen Sie diesen Gegenstand jetzt auf einen Spaziergang mit. Dann „verlieren" sie ihn, wenn der Hund nicht hinsieht. Anfangs reicht es, wenn Sie den Futterbeutel oder das Lieblingsspielzeug direkt in der Nähe ablegen und dann den Hund darauf aufmerksam machen. Dabei sollte der Suchgegenstand anfangs noch gut sichtbar sein, damit der Hund schnell versteht, dass dort etwas liegt, was er kennt. Klappt es gut und hat der Hund das Prinzip verstanden, können Sie steigern: Lassen Sie die „Beute" unauffällig am Wegrand fallen und schicken Sie den Hund erst zurück zum Suchen, wenn Sie ein Stück weitergelaufen sind. Oder werfen Sie den Suchgegenstand weiter abseits in Laub oder Gras, wo der Gegenstand versteckt liegt und der Hund nur mit der Nase Erfolg beim Suchen hat.

Besonderheiten:

- **fördert Selbstvertrauen**, denn der erfolgreiche Abschluss intensiver Schnüffelarbeit ist für Hunde sehr befriedigend und ein großes Erfolgserlebnis.

- **fördert Vertrauen zum Besitzer**, denn der Hund soll allein auf Ihr Wort hin suchen, ohne dass er sieht, dass der Suchgegenstand versteckt oder geworfen wird.

Suchspiel 15 (Outdoor): Versteckspiel - ein Familienmitglied finden

Geeignet für: alle Hunde

Geht man mit der Familie Gassi, ist das Versteckspielen nicht nur für Hunde, sondern auch für Kinder oft mit viel Spaß verbunden. Der Ablauf ist ganz einfach: Ein Familienmitglied versteckt sich außer Sicht des Hundes, dann wird der Hund zum Suchen losgeschickt. Auch hier fangen Sie am besten klein an, indem die Verstecke zunächst leicht zu finden und nicht zu weit weg sind.

Achtung: Hunde mit Verlassensängsten können aufgeregt oder sogar panisch reagieren, wenn eine Vertrauensperson plötzlich nicht mehr zu sehen ist. Mit einem solchen Hund sollten Sie lieber andere Spiele durchführen oder das Versteckspiel ganz langsam aufbauen.

Steigerung:

Ist ein Hund besonders talentiert, können Sie ein richtiges kleines Mantrailing daraus machen, sodass der Hund der Spur der versteckten Person folgen muss.

Besonderheiten:

- **fördert Selbstvertrauen**, denn der Hund hat immer wieder das lohnende Erfolgserlebnis, dass er mithilfe seiner Nase eine Person finden kann.

- **fördert Bindung und Vertrauen**, denn dass ein Familienmitglied „verschwindet" und der Hund es suchen darf, knüpft eine besondere Bindung.

Tricks und Grundkommandos

Hier finden Sie **Tricks**, die von einfachen Tricks und Grundkommandos wie „Sitz" und „Platz" für Anfänger bis zu komplexen Trickfolgen für Profis reichen. Tricks sorgen dafür, dass die Kommunikation, Konzentration auf den Menschen und dadurch letztendlich auch Bindung und Vertrauen gestärkt werden.

Grundkommando 1: Sitz

„Sitz" ist so geläufig, dass fast jeder dieses Grundkommando trainiert. Die Anleitung ist beim „Sitz" recht leicht: Viele Hunde setzen sich schon, wenn Sie einen Keks über ihrem Kopf hochhalten und (vom Hund aus gesehen) etwas nach hinten führen, sodass der Hund hochschauen muss. Daraufhin sagen Sie: „Sitz", sobald der Hundepo den Boden berührt, und belohnen mit Lob oder Leckerli.

Springt der Hund zum Leckerli hoch? Halten Sie es tiefer und in der geschlossenen Hand. Ist der Hund sehr aufgeregt?

Wählen Sie ruhige Momente für das Training und wählen Sie kein „zu gutes" Leckerli, sondern lieber einfach das gewohnte Trockenfutter. Läuft der Hund rückwärts, statt sich zu setzen? Üben Sie so, dass der Hund direkt vor einer Wand oder einem anderen Hindernis steht.

Steigerung für Fortgeschrittene:

Viele Hunde verknüpfen „Sitz" damit, dass sie sich aus dem Stehen setzen. „Sitz" steht also für: Senke deinen Popo nach unten. Eigentlich soll „Sitz" aber nur eine Position darstellen. Üben Sie deshalb auch, dass der Hund aus dem „Platz" heraus „Sitz" macht. Also vorne hoch, statt hinten runter. Das ist zunächst oft gar nicht so einfach.

Grundkommando 2: Platz

„Platz" kann fast jeder Hund. Doch als Kommando lässt es sich manchmal nicht so leicht aufbauen, wie man zunächst meinen möchte. Bei einigen Hunden reicht es, ein Leckerli vor der Nase des sitzenden Hunde nach unten und vorne zu führen, und schon legen sie sich hin. Klappt das nicht, gibt es aber einen Tipp, der oft funktioniert: Setzen Sie sich mit angewinkelten Beinen auf den Boden und führen Sie das Leckerli unter dem „Durchgang" unter ihrem Knie hindurch. Gehen Sie mit dem Bein je nach Hundegröße so weit nach unten, dass der Hund sich ducken und zuletzt hinlegen muss, um an das Leckerli zu gelangen. In dem Moment bestätigen Sie wie gewohnt sofort das Hinlegen.

Steigerung für Fortgeschrittene:

Auch „Platz" lässt sich sehr gut perfektionieren und steigern. Zum einen können Sie mit der Zeit nur noch dann belohnen, wenn der Hund besonders schnell „Platz" macht, egal ob aus dem Sitzen oder Stehen heraus. So wird der Befehl immer schneller befolgt.

Außerdem ist „Platz" auf Distanz ein tolles Trainingsziel. Entfernen Sie sich bei dieser Übung in ganz kleinen Schritten immer weiter vom Hund, bis er „Platz" auch ausführt, wenn Sie mehrere Meter weit weg sind und Handzeichen und/oder das Hörzeichen geben. Das können Sie dann perfekt unterwegs nutzen, beispielsweise wenn ein Radfahrer schneller angeschossen kommt, als sie anleinen können, und der Hund sich dort, wo er gerade ist, hinlegen und warten soll, bis der Radfahrer vorbei ist.

Grundkommando 3: Bleib

Der Grundaufbau von „Bleib" ist einfach. Wählen Sie zunächst am besten das Kommando „Sitz". Sagen Sie dann deutlich: „Bleib", verbunden mit einem Handzeichen (oft ist es das Zeigen der aufgerichteten Handfläche). Dann gehen Sie einen minimal kleinen Schritt zurück, sofort wieder nach vorne, loben und belohnen. Das steigern Sie in ganz kleinen Schritten, wofür Sie sich ausreichend Zeit nehmen sollten, denn die Übung ist für Hunde nicht einfach umzusetzen.

Steigerung Schritt für Schritt:

- Ein größerer Schritt zurück.

- Nach dem Schritt zurück kurz stehen bleiben, dann erst wieder zum Hund kommen.
- Zwei, drei und mehr Schritte zurückgehen.
- Beim Weglaufen dem Hund den Rücken zudrehen.
- Weiter weglaufen oder um den Hund herumlaufen.
- Kurz den Raum verlassen und wiederkommen.
- Der Hund darf sich erst nach Freigabe (z. B. „Okay") wieder frei bewegen.

Achtung: Kommen Sie zum Beenden der Übung immer wieder zum Hund zurück und belohnen Sie genau dort, wo er gerade brav bleibt und wartet. Rufen Sie Ihren Hund stattdessen zu sich, verknüpft er die Belohnung nicht mit dem „Bleib", sondern mit Ihrem Ruf.

Trick 1: Hand-Touch

Geeignet für: alle Hunde

Der Hand-Touch ist schnell aufgebaut. Animieren Sie den Hund, Ihre Handfläche mit der Schnauze anzustupsen. Bei Schwierigkeiten hilft es erfahrungsgemäß gut, mit der anderen Hand auf die Handfläche zu zeigen oder so zu tun, als ob Sie etwas in die Handfläche hineinlegen. Anfangs belohnen Sie jedes kleine Schnuppern oder jede Bewegung Richtung Hand und bauen darauf auf. Stupst der Hund auf

„Touch" hin die Handfläche zuverlässig an, lässt sich der Touch für sehr viele Dinge einsetzen.

Besonders hilfreich ist die Nutzung als „Target". Das heißt, Sie führen den Hund über den Hand-Touch in bestimmte Positionen bei Tricks oder beispielsweise auch in die Fuß-Position beim Leinentraining. Viele Hunde mögen den Hand-Touch aber auch so gerne, dass Sie ihn für Spiel und Spaß einsetzen können. Halten Sie beispielsweise die Hand so hoch, dass der Hund hochspringen muss, um zu touchen. Oder üben Sie den Hand-Touch aus dem Rennen heraus, was Action in die Übung bringt.

Ideal eignet sich der Hand-Touch, um Trick 17 und 18 (Küsschen geben und Flüsterpost) aufzubauen.

Trick 2: Robben

Geeignet für: alle Hunde

Dieser Trick lässt sich sehr einfach aufbauen und eignet sich für jeden Hund, der bereits „Platz" kann. Für den Anfang liegt der Hund in der „Platz"-Position. Jetzt möchten wir ihn dazu animieren, dass er, flach auf dem Bauch liegend, nach vorne kriecht. Er soll also über den Boden robben.

Dazu geben Sie dem Hund das „Platz"-Kommando. Dann halten Sie ihm ein Leckerli vor die Nase und ziehen es am Boden entlang nach vorne. Sobald der Hund hinterher robbt, loben Sie sofort und geben dem Hund das Leckerli. Klappt das nicht, weil der Hund aufstehen möchte, hilft der gleiche Trick, der schon beim Aufbau das „Platz"-Kommandos beschrieben wurde: Führen Sie Leckerli (und Hund) unter ihrem Knie hindurch, sodass der Hund nur kriechend an das Leckerli gelangen kann. Alternativ können Sie auch eine Hand über den Hunderücken legen. Aber bitte drücken Sie den Hund nicht grob nach unten, sondern hindern Sie ihn nur sanft am Hochgehen, während Sie das Leckerli nach vorne ziehen.

Ist dieser erste Schritt geschafft, sodass der Hund verstanden hat, was gemeint ist, geht es, wie bei allen Tricks, langsam weiter: Sie belohnen nach und nach immer weiteres Robben und festigen Ihr gewähltes Kommando, sodass der Hund auf „Kriech" oder „Robben" (oder was auch immer Sie sich aussuchen) nach vorne robbt.

Trick 3: Pfote geben

Geeignet für: alle Hunde

Einer der absoluten Klassiker unter den Tricks ist das Geben der Pfote. Für den Start sollte der Hund vor Ihnen sitzen. Stupsen sie eine Pfote von hinten an (einige Hunde heben dann schon von selbst die Vorderpfote) oder heben Sie die Pfote hoch. Dann folgt im selben Moment das Kommando, gefolgt von Lob oder Belohnung. Meist dauert es nicht lang, bis der Hund von selbst die Pfote hebt.

Achtung: Manche Hunde mit schlechten Erfahrungen mögen es nicht, wenn man ihre Pfoten anfasst. Hier sollten Sie ganz behutsam üben - das Pfötchengeben kann dann direkt als

Training genutzt werden. Statt die Pfote hochzuheben, reicht hier zunächst, die Pfote nur kurz anzutippen, bis der Hund immer entspannter bei der Berührung wird und eine Steigerung möglich ist.

Steigerung beim Geben der Pfote:

Üben Sie sowohl mit der linken als auch mit der rechten Pfote, wobei sie entweder einfach die linke und rechte Hand nutzen (und der Hund die entsprechende Pfote heben soll), oder indem Sie zwei unterschiedliche Kommandos für linke und rechte Pfote einführen.

Weitere lustige und spannende Steigerungen können auch Trick 4 (Pfote auf den Fuß stellen), Trick 5 (Steppen), Trick 6 (High Five/Winken) oder Trick 20 (Criss-Cross) sein.

Trick 4: Pfote auf den Fuß stellen

Geeignet für: alle Hunde

Im Prinzip entspricht diese Übung dem klassischen Geben der Pfote (siehe Trick 3). Allerdings soll der Hund hier seine Pfote nicht auf Ihre Hand, sondern auf Ihren Fuß legen. Gut aufbauen lässt es sich, wenn Sie zuerst Trick 2 üben, dann aus dem Stehen heraus die Handbewegung für das Pfötchengeben machen und dabei die Hand auf Ihren Fuß legen. In kleinen Schritten nehmen Sie die Hand immer mehr weg, bis es auch mit dem Fuß allein klappt. Auch hier lässt sich wieder die linke und rechte Pfote separat üben.

Ideal ist dieser Trick übrigens auch für sehr kleine Hunde, bei denen Sie sich dann zum Pfötchengeben nicht so weit herunterbeugen müssen.

Trick 5: Steppen

Geeignet für: alle Hunde

Auch bei diesem Trick sollte der Hund das Pfötchengeben (Trick 3) schon beherrschen. Stellen Sie sich jetzt vor den Hund, heben Sie den rechten Fuß hoch, geben Sie dazu das Kommando für das Pfötchengeben und strecken Sie die Hand entgegen, als wollten Sie sie zum Pfötchengeben hinhalten - aber nicht ganz bis zum Hund. Hebt der Hund, selbst wenn es nur kurz ist, die Pfote an, belohnen Sie das sofort.

Nach und nach können Sie die Hand immer mehr wegnehmen, sodass der Hund zuletzt die Pfote hebt, wenn die das Bein heben. Übt man dies auf beiden Seiten und macht das zuletzt mehrmals hintereinander im Wechsel, spricht man vom „Steppen".

Achtung: Trick 4 und Trick 5 sind sehr ähnlich. Sollten Sie beides üben wollen, wählen Sie am besten sehr unterschiedliche Hörzeichen und machen am besten auch unterschiedliche Bewegungen mit dem Fuß, damit der Hund die Tricks nicht verwechselt.

Trick 6: Winken oder High Five

Geeignet für: alle Hunde

Winken oder High Five bezeichnet zwei ähnliche Tricks. Beim Winken soll der Hund eine Pfote sehr weit hochheben, möglichst bis auf Kopfhöhe. Beim High Five gilt das Gleiche, nur dass der Mensch mit der Hand entgegenkommt und zum „Give me Five" oder „Gib mir Fünf" abklatscht.

Voraussetzung ist, dass der Hund das Pfötchengeben (Trick 3) schon kennt. Führen Sie jetzt nach und nach die Hand immer höher und halten Sie sie nicht mit der Handfläche nach oben, sondern mit der Handfläche Richtung Hund. So spielt sich recht schnell ein, dass der Hund die Pfote immer höher hebt und der Trick schon bald wie ein echtes High Five aussieht.

Steigerung – Winken:

Entfernen Sie sich immer weiter vom Hund, sodass das High Five Ihre Hand nicht mehr berührt. Bauen Sie nach und nach auf, dass der Abstand immer größer wird, sodass der Hund zuletzt nur noch die Pfote auf Kopfhöhe hebt, ohne dass Sie entgegenkommen müssen. Ein echtes und sehr witzig aussehendes Winken wird daraus, wenn Sie das Kommando wiederholen, sobald der Hund die Pfote gerade wieder sinken lässt, sodass er sie erneut hochhebt. Wiederholen Sie das oft genug, versteht der Hund bald, dass er mehrmals winken soll. So wird daraus auch ein lustiger Gag, den Sie nutzen können, wenn Sie Menschen begrüßen oder verabschieden. Vor allem Kinder lieben es erfahrungsgemäß sehr, wenn der Hund Ihnen zuwinkt.

Trick 7: Dreh' dich!

Geeignet für: alle Hunde (keine Welpen)

Dieser Trick ist sehr einfach aufzubauen. Führen Sie den Hund mit der Hand (oder mit einem in der Hand gehaltenen Leckerli) im Kreis. Sobald der Hund eine ganze Runde geschafft hat, belohnen Sie ihn. Je nach Größe des Hundes, Charakter und Alter drehen sich manche Hunde blitzschnell und fast schon mit einem Sprung im Kreis, während andere eher gemächlich mit mehreren Schritten eine 360°-Wendung machen.

Steigerung:

Drehte sich der Hund bei „Dreh' dich" im Uhrzeigersinn, soll er sich jetzt entgegengesetzt drehen. Falls Ihnen ein Kommando fehlt: Neben „Dreh' Dich" nutzen viele Hundehalter für das Drehen auch „Turn", „Twist" oder „Kreisel". So finden Sie sicher zwei unterschiedliche Signale für links- und rechtsherum.

Steigerung für Profis:

Der Hund soll sich ganz ohne Handgeste nur auf das stimmliche Kommando hin nach links oder rechts drehen. Hier müssen viele Hunde stark umdenken, denn erfahrungsgemäß achten die Vierbeiner bei der Unterscheidung der

Drehrichtung nicht so sehr auf Ihr Kommando, sondern oft eher darauf, in welche Richtung Sie die Hand während des Kommandos bewegen.

Trick 8: Kopf ablegen

Geeignet für: alle Hunde

Das Ablegen des Kopfes in der „Platz"-Position wird von manchen Haltern mit dem Signal „Down" bezeichnet, kann aber natürlich auch völlig anders benannt werden. Lassen Sie den Hund dafür zunächst „Platz" machen. Legen Sie dann ein Leckerli ein Stück vor dem Hund auf den Boden und decken Sie es mit der flachen Hand ab. Die meisten Hunde versuchen nun, an das Leckerli zu kommen. Sobald der Kopf nach unten geht, folgt die Bestätigung. Meist dauert es nicht lange, bis der Hund das Kommando verstanden hat und den Kopf auch länger ablegt.

Machen Sie gerne Fotos von Ihrem Hund? Dann gelingen mit diesem Trick oft besonders schöne Nahaufnahmen. Beispielsweise, wenn Sie Ihren Hund zwischen hübschen Blümchen „Down" machen lassen und das Hundegesicht dann von Blumen umrahmt wird - das sieht auf Bildern immer süß und sehr entspannt aus.

Steigerung für Fortgeschrittene:

Üben Sie das Ablegen des Kopfes nicht nur in der „Platz"-Position. Üben Sie jetzt, dass der Hund den Kopf dort ablegt, wo Sie mit der Hand hindeuten - beispielweise im Stehen auf dem Sofa, auf Ihrem Knie oder auf jedem anderen Gegenstand in gut machbarer Höhe.

Trick 9: Männchen machen

Geeignet für: alle Hunde (keine Welpen)

Für das Männchenmachen soll der Hund sich im Sitzen aufrichten und stabil sitzen bleiben. Dieser Trick wird von den meisten Hunden recht schnell erlernt, ist aber nicht so einfach, wie er für uns aufrechtgehende Menschen aussieht. Da es für den Hund eine sehr unnatürliche Haltung ist, sich im Sitzen aufzurichten, muss die dafür nötige Haltemuskulatur und auch das Balancegefühl bei manchen Hunden erst trainiert werden.

Achtung: Welpen, Hunde mit Rückenproblemen oder sehr alte Hunde sollten diesen Trick lieber nicht ausführen.

Um dem Hund das Männchenmachen beizubringen, lassen Sie ihn zuerst „Sitz" machen. Dann führen Sie ein Leckerli über dem Hundekopf nach oben. Dabei sollten Sie die Hand weiter hinten halten. Halten Sie das Futter nämlich zu weit vorne, dann wird der Hund sich eher auf die Hinterbeine hochdrücken. Schafft Ihr Hund es, sich im Sitzen auch nur das kleinste Stück zu erheben, bestärken Sie das sofort und bauen Sie darauf auf. Mit der Zeit wird Ihr Hund lernen, immer länger in dieser neuen Haltung zu balancieren. Kleinen und kurzbeinigeren Rassen fällt es oft deutlich leichter, länger stabil in dieser Position zu verharren, da ihr Schwerpunkt tiefer liegt. Große Hunde tun sich dabei manchmal schwerer. Achten Sie darauf, Ihren Hund nicht zu überfordern.

Möchten Sie den Trick steigern? Dann lesen Sie sich gerne die Anleitung zu Trick 10 (Peng) durch, in dem Sie bei Stufe 3 auch das Männchenmachen integrieren können.

Trick 10: „Peng" (mit steigendem Schwierigkeitsgrad)

Geeignet für: alle Hunde

Der Hund soll sich hinfallen lassen und tot stellen, wenn Sie mit der Hand wie mit einer Pistole auf ihn zeigen und laut „Peng" (oder ein anderes gewünschtes Wort) rufen. Dieser Trick lässt sich im Schwierigkeitsgrad sehr gut steigern und ist bei Stufe 3 fast schon ein kleiner Sketch, der sicher jeden zum Lachen bringt.

Stufe 1:

Kann der Hund schon die „Rolle"? Dann ist dieser erste Schritt meist sehr leicht zu erlernen, kann aber auch zur Verwechslung beim Hund führen. Denn jetzt soll er nicht rollen, sondern sich nur auf die Seite legen.

So baut Sie die Übung auf: Der Hund sollte im „Platz" liegen. Versuchen Sie nun, ihn zu animieren, sich auf die Seite rollen zu lassen. Das funktioniert oft gut, indem Sie ein Leckerli auf Nasenhöhe des Hundes dicht am Kopf entlang seitlich nach hinten ziehen. Jedes kurze Rollen auf die Schulter sollte dann sofort belohnt werden. Steigern Sie nun so lang, bis der Hund sich ganz auf die Seite legt. Dies können Sie dann mit dem Signal „Peng" verknüpfen.

Stufe 2:

Jetzt wird es etwas schwieriger, denn besonders eindrucksvoll wird der Trick, wenn der Hund sich auf die Seite legt, den Kopf dabei ganz ablegt und für einige Sekunden reglos liegen bleibt. Dafür belohnen Sie nicht mehr sofort nach dem Hinlegen, sondern zögern die Belohnung nach und nach in ganz kleinen Schritten weiter hinaus. Das perfekte Endergebnis: Der Hund liegt so lange ruhig, bis Sie ein Auflösekommando geben. Das kann „Okay" oder auch, an den Trick angepasst, „wieder lebendig!" oder etwas Ähnliches sein.

Stufe 3:

Als Profi können Sie zwei Tricks kombinieren, die sich perfekt ergänzen. Üben Sie parallel auch den Trick für das Männchenmachen (Trick 9). Ziel: Sie geben das Handzeichen für „Männchen machen" (besonders lustig ist, wenn man es in diesem Fall „Hände hoch" nennt). Dann folgen das „Peng" und der vorher bereits geübte Umfallen-und-tot-stellen-Trick. Richtige Experten können dabei sogar darauf achten, dass der Hund die Pfoten möglichst hoch streckt, damit es ein echtes „Hände hoch!" wird, und anschließend möglichst melodramatisch umfällt. Fällt der Übergang vom Männchenmachen zum Umfallen schwer, können Sie als Brücke nach dem Männchenmachen zunächst „Platz" und dann erst „Peng" sagen. Wiederholen Sie das oft genug, hat der Hund bald verstanden, dass die Bewegungen zusammengehören, und führt die ganze Sequenz immer flüssiger aus.

Trick 11: Rückwärtslaufen (mit steigendem Schwierigkeitsgrad)

Geeignet für: alle Hunde

Das Ziel des Tricks ist denkbar einfach: Der Hund soll rückwärtslaufen. Der Aufbau ist jedoch gar nicht so leicht, denn von Natur aus laufen Hunde nur selten rückwärts. Dadurch ist der Trick nicht nur geistig eine Herausforderung, sondern stärkt auch die Koordination und Balance des Hundes.

Uns so geht es los: Zunächst reicht es, wenn der Hund nur einen Schritt nach hinten macht. Einige Hunde tun das schon, wenn Sie von vorne auf sie zugehen und sie körpersprachlich leicht zurückdrängen (bitte dabei nicht zu forsch und beängstigend auftreten oder den Hund regelrecht schieben). Einige Hunde haben aber auch gelernt, sich dann eher zu setzen. In dem Fall können Sie ideal an einer Engstelle üben, beispielsweise, indem Sie den Hund zwischen Sofa und Couchtisch (oder wo auch immer es bei Ihnen gut passt) führen. Dann schneiden Sie ihm von vorne den Weg ab, sodass der Hund nur zurück und nicht mehr vorwärts kann, es aber zu eng ist, um sich umzudrehen. Sobald der kleinste Schritt nach hinten gemacht wird, sollten Sie sofort loben oder anderweitig belohnen und dabei auch den Weg nach vorne wieder freigeben.

So lässt sich der Trick steigern:

Steigern sie langsam die Schwierigkeit, indem der Hund nicht mehr nur einen Schritt rückwärts macht, sondern mehrere Schritte nacheinander, was viel Koordination, Balance und Umdenken erfordert. Seien Sie aber vorsichtig, dass der Hund dabei nirgends anstößt oder stolpert.

Rückwärtslaufen für echte Profis:

Meist klappt das Rückwärtslaufen recht gut, solange Sie direkt vor oder dicht beim Hund stehen. Stehen Sie seitlich vom Hund oder ein Stück weiter weg, funktioniert es manchmal deutlich schlechter. Üben Sie jetzt das Rückwärtslaufen auch in anderen Positionen. Beispielweise können Sie dem Hund gegenüberstehen, und sowohl Sie als auch der Hund laufen rückwärts. Oder Ihr Hund steht neben Ihnen, und Sie laufen beide gemeinsam rückwärts.

Beherrscht der Hund das, zumindest in den Grundzügen, ist dieser Trick auch eine gute Basis für Trick 18 (rückwärts einparken).

Trick 12: Rolle

Geeignet für: alle Hunde

Der Trick „Rolle" beginnt in „Platz"-Position. Dann soll der Hund sich über die Seite, auf den Rücken und über die andere Seite wieder auf die Ausgangsposition rollen. Er rollt also einmal komplett um seine Achse.

Achtung: Dieser Trick ist für Hunde mit Rückenproblemen oder für sehr junge Welpen nicht geeignet. Er erfordert eine gute Rumpfbeweglichkeit und Rumpfmuskulatur, ansonsten kann die Rolle zu schwierig oder sogar schädlich sein.

Und so bauen Sie den Trick „Rolle" auf: Der Hund liegt zunächst im „Platz". Lassen Sie ihn jetzt an einem Leckerli schnuppern und führen sie es dann ganz dicht am Hundekopf vorbei nach hinten. Meist dreht sich der Hund dann mit seinem Schulterbereich seitlich, damit er dem Leckerli folgen kann. Belohnen Sie bereits diese kleine Drehbewegung. Dann bauen Sie die Drehung immer weiter aus, bis der Hund sich auf die Seite rollen kann. Das können Sie übrigens prima auch für den Trick 8 (Peng) nutzen, da der Hund sich dafür ebenfalls auf die Seite legen muss.

Bei der Rolle geht es jetzt weiter, indem Sie den Hund immer weiter zur Drehbewegung animieren, bis eine komplette Rolle daraus wird. Manche Hunde rollen sich aber sehr ungern auf den Rücken - dann kann es länger dauern. Andere Hunde wiederum lieben die „Rolle" und führen Sie mit viel Schwung, Geschwindigkeit und Spaß aus. Richten Sie sich hier wie immer nach Ihrem Hund.

Trick 13: Slalom durch die Beine

Geeignet für: alle Hunde (keine Welpen)

Der Slalom durch die Beine eignet sich für alle Hunde, die klein genug sind, dass sie unter dem Bein hindurchpassen. Der Trick ist nicht nur geistig, sondern auch körperlich eine

Herausforderung für den Hund. Aber auch die Hundebesitzer sind gefragt, denn auch Herrchen oder Frauchen muss dabei eine gute Koordination an den Tag legen, damit der Slalom gut klappt. Bauen Sie den Slalom darum am besten Schritt für Schritt auf.

- *Schritt 1:* Hier soll der Hund rechts von Ihnen sitzen. Sie stellen dann Ihr linkes Bein nach vorne und strecken gleichzeitig die linke Hand nach unten. Jetzt führen Sie den Hund mit der linken Hand unter Ihrem linken Bein hindurch, bis er zuletzt auf Ihrer linken Seite steht, und belohnen dann. Zum Durchführen können Sie die Hand als Target nutzen, was in Trick 1 – dem Hand-Touch – beschrieben ist. Alternativ können Sie den Hund auch mit einem Leckerli hindurchlocken.

- *Schritt 2:* Jetzt drehen Sie das Ganze um. Der Hund sitzt links, und Sie führen ihn mit der rechten Hand durch das rechte, nach vorne gestellte Bein.

- *Schritt 3:* Klappen beide Seiten gut? Dann bauen wir jetzt die Bewegungen zum Slalom zusammen. Zunächst reicht es, links und rechts direkt nacheinander durchzuführen. Funktioniert auch das, können Sie nach und nach auf drei, dann vier Schritte gehen. Jetzt können Sie auch Ihr Kommando einführen, indem Sie es immer sagen, kurz bevor Sie den ersten Schritt nach vorne machen.

- *Schritt 4:* Sie werden merken, dass Sie durch das Führen mit der Hand immer etwas vorgebeugt laufen müssen und die ganze Bewegung wenig flüssig ist. Deshalb bauen Sie jetzt nach und nach die Handführung ab. Nehmen Sie die Hand immer weiter weg, sodass zuletzt das Hörkommando in Verbindung mit dem nach vorne gestellten Bein ausreicht, damit der Hund losläuft. Für das andere Bein müssen Sie die Handführung separat und ebenfalls langsam abbauen, denn für Hunde ist das Laufen nach links und rechts oft ganz unterschiedlich. Hat alles funktioniert, können Sie jetzt Ihr Kommando geben und losgehen, während der Hund im Slalom durch Ihre Beine läuft.

Trick 14: durch die Arme springen

Geeignet für: alle Hunde (keine Welpen)

Achtung: Sprünge belasten die Gelenke immer stark. Hunde mit Gelenkproblemen oder Rassen, die zu HD oder ED (Hüftgelenksdysplasie, Ellenbogengelenksdysplasie) neigen, sollten nicht zu häufigen oder hohen Sprünge animiert werden. Generell sollten Sie diesen Trick nicht zu oft und nicht mit übertrieben hohen Sprüngen durchführen. Außerdem sollte der Hund vor Sprungtricks aufgewärmt werden, und der Boden sollte weich und rutschfest sein (gut ist zum Beispiel Teppich oder Rasen), damit keine Verletzungsgefahr besteht.

Alternative: Halten Sie den Arm in Bodennähe, sodass der Hund nur mit einem kleinen Sprung darüber hüpft.

Im ersten Schritt fangen Sie ganz langsam an. Setzen Sie sich neben eine Wand und strecken Sie einen Arm bis zur Wand aus. Locken Sie jetzt den Hund mit der anderen Hand zwischen Ihnen und der Wand hindurch, sodass er über Ihren Arm laufen oder springen muss. Dann entfernen Sie sich (wie immer in kleinen Schritten und über mehrere Übungseinheiten hinweg) immer weiter von der Wand, bis der Hund auch frei über den - momentan noch relativ niedrig gehaltenen - Arm springt.

Jetzt können Sie den Trick steigern, wenn Sie möchten: Halten Sie den Arm immer höher, bis der Hund einen Anlauf nehmen muss, um darüber springen zu können. Oder Sie nehmen Ihren zweiten Arm dazu und formen mit beiden Armen einen Kreis, sodass der Hund wie durch einen Reifen springen muss.

Trick 15: Leckerli aus der Luft fangen

Geeignet für: alle Hunde

Wenn der Hund Leckerli aus der Luft fangen kann, hat das viele Vorteile. Zum einen können Sie dies perfekt als Belohnung nutzen: Macht der Hund etwas richtig, müssen Sie nicht mehr direkt zum Hund hin und ihm das Leckerli hinhalten, sondern können es ihm einfach zuwerfen. Zum anderen lässt sich das Fangen auch toll für Spiel und Action einsetzen, denn vielen Hunden macht es Spaß, das Leckerli auch beim Rennen oder im Sprung aus der Luft zu fangen. Um so weit zu kommen, muss der Hund das Fangen jedoch erst einmal lernen.

Nicht jeder Hund ist gleich talentiert. Manchen Hunden können Sie einfach ein Leckerli zuwerfen, und sie fangen es sofort. Andere Hunde tun sich schwerer mit der Koordination - hier sollten Sie kleine Schritte machen. Werfen Sie das Leckerli dann am besten beim Üben immer aus ungefähr der gleichen Höhe ab. Am einfachsten ist es für Hunde, wenn sie das Leckerli in einem Bogen aus ungefähr einem Meter Entfernung werfen und es zunächst möglichst direkt auf den Hund zufliegt. Idealerweise nutzen Sie keine zu kleinen Leckerli, sondern anfangs größere Stücke, die sich gut greifen lassen, wie zum Beispiel mittelgroße Käsewürfel oder Wurststücke.

Erst wenn dieser Schritt gut klappt, können Sie den Abstand vergrößern und auch zunehmend den Winkel und die Wurfhöhe verändern. Seien Sie aber nicht enttäuscht, wenn Ihr Hund eventuell kein Meister im Fangen wird. Dieser Trick liegt vor allem den reaktionsschnellen, aktiven Hunden, während andere Hunde nie so richtig damit warm werden.

Ein kleiner Extra-Tipp: Kennen Sie die lustigen Leckerli-Fang-Bilder, die man in den sozialen Medien oft sieht? Dafür benötigen Sie nur eine Kamera, die schnelle Bewegungen einfangen kann. Gut ist auch eine Serienbild-Aufnahme. Das können bereits viele Smartphone-Kameras recht problemlos. Machen Sie Nahaufnahmen des Hundekopfes, während jemand anderes dem Hund Leckerli zuwirft. Dabei sieht man erst, welche lustigen und abenteuerlichen Grimassen Hunde bei den verschiedenen Stufen des Fangens machen.

Trick 16: Verbeugen oder Diener

Geeignet für: alle Hunde (keine Welpen)

Das Verbeugen oder der Diener gehört zu den Klassikern unter den Tricks, die nicht schwierig zu trainieren sind, aber doch eine kleine Herausforderung darstellen. Das Ziel ist, dass Ihr Hund seinen Oberkörper absenkt, die Hinterbeine jedoch gestreckt bleiben. Diese Haltung sieht man auch oft, wenn Hunde sich strecken oder wenn sie andere Hunde zum Spiel auffordern.

Am besten fangen Sie an, indem Sie sich dem Hund gegenüberstellen, während der Hund steht. Halten Sie Ihrem Hund jetzt ein Futterstück vor die Schnauze und führen Sie es ganz dicht am Hund entlang nach unten. Sobald der Oberkörper auch nur leicht nach unten einknickt, während die Hinterbeine gestreckt bleiben, wird anfangs schon bestätigt.

Macht der Hund stattdessen „Platz"? Dann führen Sie das Leckerli sehr nah am Hund nach unten, sodass Sie mit Ihrer Hand zwischen den Vorderpfoten oder fast schon unter dem Hund landen. Manche Hunde brauchen dennoch eine zusätzliche Hilfe, damit die Hinterbeine wirklich gestreckt bleiben. Dazu kann man den zweiten Arm unter den Bauch das Hundes legen und ihn etwas abstützen, sodass er nur vorne nach unten kann.

Trick 17 und 18: „Küsschen geben" und „Flüsterpost"

Geeignet für: alle Hunde (auch Welpen)

Diese beiden Tricks lassen sich exakt gleich aufbauen, deshalb sind Sie hier in einer Anleitung zusammengefasst. In beiden Fällen soll der Hund Ihr Gesicht mit der Schnauze anstupsen. Einmal auf die Wange als „Küsschen" und einmal am Ohr, sodass es aussieht, als würde Ihr Vierbeiner Ihnen etwas zuflüstern.

Für beide Tricks sollten Sie zuerst Trick 1, den Hand-Touch, aufbauen. Damit lassen sich diese beiden Tricks besonders einfach und schnell erlernen. Auch wenn der Hund den Nasenstupser (Trick 19) schon kann, ist damit ein Aufbau gut möglich.

Küsschen geben

Bevor Sie mit dem Üben starten: Nehmen Sie Ihre Brille ab, falls Sie eine tragen, denn anfangs geraten die Küsschen manchmal etwas zu stürmisch oder unkoordiniert. Andere Hunde wiederum haben große Hemmung, mit der Schnauze Richtung Gesicht zu gehen. Bauen Sie den Trick in solchen Fällen besonders langsam und kleinschrittig auf.

So geht es los: Lassen Sie den Hund einige Male den Hand-Touch machen (Anleitung siehe Trick 1). Dann führen Sie die Hand immer mehr Richtung Wange, bis der Hund zuletzt die Schnauze auf die Hand tippt, die direkt auf Ihrer Wange liegt. Nun ziehen Sie die Hand weg und animieren den Hund nach und nach, auch direkt auf die Wange zu stupsen. Fertig ist das Küsschen.

Klappt das Weglassen der Hand nicht so gut? Dann gibt es einen praktischen Kniff. Kleben Sie sich einen selbstklebenden Filzgleiter (die es beispielsweise für Stuhlbeine zu kaufen gibt) auf Ihre Hand. Führen Sie alles wie oben beschrieben aus. Kleben Sie den Filzgleiter am Schluss statt auf Ihre Hand auf die Wange. Er dient hier also als sogenanntes Target, das dem Hund zeigt, wohin er mit der Schnauze stupsen soll.

Etwas schwieriger: Flüsterpost

Die Flüsterpost können Sie genau so aufbauen, wie es oben beim Küsschengeben beschrieben ist, doch statt der Wange soll der Hund jetzt das Ohr anstupsen. Allerdings gibt es hier eine Steigerung des Schwierigkeitsgrades, denn der Trick Flüsterpost dient meist als Gag oder kleiner Sketsch. Beispielsweise fragen Sie Ihren Hund: „Und was sagst du dazu?" Der Hund soll daraufhin kommen und Ihnen etwas ins Ohr „flüstern", und Sie reagieren dementsprechend oder geben eine Antwort. So kann auch eine ganze „Unterhaltung" entstehen, indem Sie das mehrmals wiederholen. Das sieht allerdings nur echt aus, wenn der Hund mit der Schnauze einige Zeit am Ohr verharrt. Was Sie also steigern müssen, ist die Dauer der Übung.

Dazu üben Sie zunächst, dass der Hund zuverlässig das Ohr kurz anstupst. Dann belohnen Sie die Übung nur noch, wenn der Hund einen winzigen Moment länger am Ohr bleibt. Diese Zeit dehnen Sie immer weiter aus.

Optimal lässt sich hier als Handsignal das „Lauschen" nutzen. Damit ist gemeint, dass Sie Ihre Hand quasi als Vergrößerung Ihrer Ohrmuschel an Ihr Ohr legen, sodass der Hund „hineinflüstern" kann. Das Wegnehmen der Hand dient dann auch als Ende der Übung.

Trick 19: Stups (etwas mit der Nase anstupsen)

Geeignet für: alle Hunde (keine Welpen)

Das Signal „Stups" soll bewirken, dass der Hund einen Gegenstand mit der Nase anstupst. Das ist ein simpler Trick, mit dem Sie sich aber etliche eigene Variationen ausdenken können. Er wird beispielsweise genutzt, wenn der Hund lernen soll, einen Knopf mit der Nase zu drücken oder den ersten Dominostein einer Reihe umzustupsen und so die Steine zu Fall zu bringen.

Aufbauen lässt sich der Trick sehr einfach. Manche Hunde neigen dazu, sofort an allem zu schnuppern, auf das man mit dem Finger zeigt. Suchen Sie sich einen Gegenstand aus, der am besten neu oder ungewohnt und deshalb spannend für den Hund ist. Stellen Sie ihn auf den Boden und zeigen Sie mit dem Finger darauf. Schnuppert der Hund daran, sagen Sie in dem Moment „Stups", in dem die Nase den Gegenstand berührt, und belohnen oder klicken Sie. Das wiederholen Sie so lang, bis der Hund herausgefunden hat, dass ein kurzes Antippen mit der Nase erwünscht ist.

Dann folgt das Generalisieren. Das bedeutet, Sie üben es an unterschiedlichen kleinen und großen Gegenständen und in unterschiedlicher Höhe, bis der Hund überall mit der Nase hintippt, wo Sie mit dem Finger hinzeigen, wenn Sie gleichzeitig das Signal „Stups" geben.

Trick 20: Pfoten überkreuzen (Criss-Cross)

Geeignet für: alle Hunde

Bei diesem Trick soll der Hund lernen, in der „Platz"-Position die Pfoten zu überkreuzen. Und zwar in beide Richtungen: rechte über linke Pfote und umgekehrt. Als Voraussetzung sollten Sie erst den Trick 3 (Pfote geben in der „Sitz"-Position) üben.

Lassen Sie den Hund jetzt abliegen und üben Sie, dass der Hund Ihnen auch in der „Platz"-Position die Pfote gibt. Dabei legen Sie die Hand so hin, dass der Hund seine Pfote auf sein anderes Vorderbein legen muss. Klappt das nicht gut, können Sie auch unterstützen, indem Sie die Pfote mit der Hand an die richtige Position führen. Bestätigen (oder clickern) Sie, wenn die Pfoten sich überkreuzen.

Dann bauen Sie nach und nach die Handhilfe ab, bis der Hund das Überkreuzen auch nur auf Ihr Handsignal hin durchführt. Das Gleiche folgt dann mit der anderen Seite. Als Hörzeichen nutzen viele Halter übrigens „Criss" für die eine und „Cross" für die andere Pfote.

Trick 21: rückwärts einparken

Geeignet für: alle Hunde

Dieser Trick klappt am einfachsten, wenn Ihr Hund Trick 11 (rückwärtslaufen) bereits beherrscht. Das ist aber kein Muss, sondern erleichtert nur den letzten Schritt des Tricks „rückwärts einparken". Die Übung soll wie folgt ablaufen: Der Hund steht Ihnen zugewandt vor Ihnen. Sie stehen breitbeinig. Nun soll der Hund sich um 180° drehen und rückwärts zwischen Ihren Beinen hindurchgehen. Dabei können Sie Ihre ganz eigene Variante wählen. Soll der Hund ganz hindurchgehen und hinter Ihnen landen? Oder soll er sich zwischen Ihren Beinen hinsetzen? Wenn Sie üben, dass der Hund zwischen Ihren Beinen stehen bleibt, können Sie danach auch direkt den „Watschellauf" aus Trick 23 anschließen.

Diesen komplexeren Trick bauen wir wieder in mehreren Schritten auf:

- *Schritt 1:* In diesem Schritt soll der Hund lernen, rückwärts durch Ihre Beine zu laufen. Kann er Trick 11 (rückwärtslaufen) schon? Dann probieren Sie, ob er das entsprechende Signal auch in dieser Position umsetzt. Ansonsten gibt es einen anderen Weg, das Rückwärtsgehen durch die Beine aufzubauen: Lassen Sie den Hund zuerst von hinten vorwärts durch Ihre Beine laufen, indem Sie mit einem Leckerli locken. Ist der Hund mit der Schnauze gerade auf Höhe Ihrer Beine, wechseln Sie mit dem Leckerli (möglichst schnell) nach hinten, sodass der Hund wieder einen Schritt zurückgehen muss. Hat der Hund verstanden, dass das Schwenken des Armes nach hinten mit Rückwärtslaufen verbunden ist, können Sie den Hund immer weiter nach vorne führen, bevor sie ihn wieder rückwärtslaufen lassen.

- *Schritt 2:* Lassen Sie Ihren Hund sitzen. Stellen Sie sich hinter ihn und üben Sie jetzt, dass er aus dieser Position rückwärts durch Ihre Beine geht. Klappt das noch nicht gut, bauen Sie Schritt 1 erst noch weiter aus. Ziel dieses Schrittes: Der Hund sitzt, mit dem Rücken zu Ihnen, vor Ihnen. Auf Ihr Kommando hin geht er rückwärts zwischen Ihren Beinen hindurch.

- *Schritt 3:* Stellen Sie sich nicht mehr direkt hinter den Hund, sondern verändern Sie in ganz kleinen Schritten immer mehr den Winkel, sodass der Hund erst „zielen" muss, bevor er durch die Beine geht.

- *Schritt 4:* Jetzt bauen wir die Drehung auf. Dazu lassen Sie Ihren Hund frontal vor Ihnen sitzen oder stehen. Zeigen Sie ihm mit einer Handbewegung/Leckerli, dass er sich drehen soll, und sobald er ungefähr um 180° gedreht hat, geben Sie das Signal zum Einparken.

Trick 22: ab ins Geschirr oder Halsband

Besonders geeignet für: Hunde, die ungerne ihr Geschirr/Halsband anziehen, oder für das Welpentraining

Es gibt viele Hunde, die es gar nicht gerne mögen, wenn Ihnen ein Geschirr oder ein Halsband von vorne über den Kopf gezogen wird. Selbst sehr vertrauensvolle Hunde haben damit manchmal Probleme. Besonders Hunde mit schlechter Vergangenheit müssen oft erst lernen, dass es völlig okay ist, wenn ihnen eine „Schlinge" über den Kopf gezogen wird. Ideal ist der Trick auch für Welpen, damit diese von Anfang an lernen, dass das Geschirr/Halsband etwas Positives bedeutet. Bei allen anderen Hunden hilft es einfach dabei, dass die Vorbereitung zum Gassigehen schneller und flüssiger vonstattengeht.

In dieser Übung geht es deshalb darum, freiwillig den Kopf durch das Geschirr zu stecken. Hat der Hund ein echtes Problem mit einem bestimmten Geschirr oder Halsband, ist es ideal, wenn Sie dieses nur zum Üben nutzen und währenddessen vorerst ein anderes Geschirr oder Halsband zum Gassigehen verwenden (beispielsweise eines, das man nicht über den Kopf ziehen muss).

Und so geht es: Im ersten Schritt legen Sie Halsband oder Geschirr mit offener Halsöffnung auf den Boden. Dann legen Sie nach und nach immer wieder Leckerli in die Öffnung und lassen den Hund fressen. Im nächsten Schritt können Sie das Geschirr anheben und dem Hund durch die offene Halsöffnung Futter geben. Dabei führen Sie die Hand nach und nach (das kann je nach Hund auch Tage oder Wochen dauern) immer weiter hindurch, sodass der Hund zuletzt den ganzen Kopf hineinstecken muss, um das Futter zu erreichen.

Im letzten Schritt geben Sie dazu ein Hörzeichen, zeigen dann erst das Leckerli und lassen den Hund durchgehen. Zuletzt wird das Geschirr dann auch ganz geschlossen, kurz angezogen gelassen und dann erst wieder ausgezogen. An diesem Punkt können Sie den Trick jetzt auch für das Gassigehen nutzen.

Trick 23: „Mitte" und der „Watschellauf"

Geeignet für: alle Hunde

Beim Trick „Mitte" soll der Hund von hinten kommend zwischen Ihre Beine laufen und zwischen Ihren Knien stehen bleiben.

Der Aufbau gelingt meist relativ schnell und einfach. Lassen Sie Ihren Hund „Sitz" machen, stellen Sie sich vor ihn, drehen sie ihm in breitbeinigem Stand den Rücken zu und locken Sie den Hund mit einem Leckerli durch Ihre Beine hindurch. Sobald das klappt, können Sie ein Hörzeichen wie zum Beispiel „Mitte" einführen.

Im nächsten Schritt stellen Sie sich nicht direkt vor den Hund, sondern weiter weg oder seitlich. Das Ziel ist, dass der Hund bei „Mitte" zuverlässig von hinten zwischen Ihre Beine läuft, egal wo Sie stehen.

Steigerung – gemeinsam laufen:

Klappt der Trick gut, können Sie den Hund animieren, dass er zwischen Ihren Beinen mitläuft, wenn Sie nach vorne gehen. Die Königsklasse wäre, wenn der Hund auch rückwärts mitläuft, wenn Sie rückwärtsgehen. Dabei hilft Trick 11 (rückwärtslaufen) oder der Aufbau, der in Trick 18 (rückwärts einparken) erklärt wird.

Steigerung – der Watschellauf (auch „Feet On" genannt):

Wieder komplett anders sieht der Trick aus, wenn Sie einen Watschellauf daraus machen. Wieso Watschellauf? Weil der Hund jetzt, wenn er in der „Mitte"-Position ist, seine Vorderpfoten auf Ihre Füße stellen soll und Sie dabei nur kleinere, etwas pinguinartig aussehende Schritte machen können. Das Ziel ist, dass Sie dann gemeinsam laufen und der Hund die Pfoten dabei auf Ihren Füßen lässt.

Schritt 1: Zuerst müssen Sie Ihren Hund dazu bringen, die Pfoten auf Ihre Füße zu stellen. Dabei kann helfen, dass Sie Ihre Füße mit den Zehen nach innen drehen, sodass sie ein V bilden (beziehungsweise von Ihnen aus gesehen ein umgekehrtes V). Läuft der Hund jetzt von hinten zwischen die Beine, können Sie ihn mit einem Leckerli so führen, dass er mit der Pfote auf Ihrem Fuß landet. Über das Belohnen oder Clickern verstärken Sie jeden Kontakt zu Ihrem Fuß so lang, bis beide Pfoten auf Ihren Füßen landen. Das kann viele Trainingseinheiten dauern. Klappt das, ist der schwerste Schritt geschafft.

Schritt 2: Jetzt folgt das gemeinsame „Watscheln". Heben Sie dafür erst ganz kurz und nur einen Zentimeter weit einen Ihrer Füße an. Belohnen Sie sofort, falls die Pfote dabei auf Ihrem Fuß bleibt. Das steigern Sie mehr und mehr, mit links und rechts, bis sie letztendlich gemeinsam mit dem Hund einige Schritte gehen können. Das Ganze kann man dann wieder vorwärts oder rückwärts machen.

Trick 24: Outdoor-Tricks - Tricksen beim Gassigehen

Geeignet für: alle Hunde

Möchten Sie auch beim Spaziergang mit dem Hund Tricks machen? Dann können Sie dafür sehr gut die Umgebung nutzen, anstatt die gleichen Tricks wie daheim zu üben. Die folgenden Tricks können Sie perfekt in einen Spaziergang einbauen und bei jedem Gassigehen etwas weiter ausbauen:

- *Um einen Baum herumlaufen:* Bringen Sie dem Hund bei, auf Ihr Kommando einen Baum zu umrunden. Klappt das gut, vergrößern Sie die Distanz. Manche Hunde können letztendlich über weite Strecken zu freistehenden Bäumen geschickt werden, die sie rennend umrunden, was zugleich auch eine gute körperliche Auslastung ist.

- *Auf etwas hinaufspringen:* Hier soll der Hund auf „Hopp" hin auf einen liegenden Baumstamm, Baumstumpf oder größeren Felsen springen. Schwerer für die Balance wird es, wenn der Hund dort oben auch noch „Sitz" oder „Platz" machen soll.

- *Vorderpfoten hoch:* Sie können dem Hund auch beibringen, dass er die Vorderpfoten auf etwas hinaufstellt, sodass er beispielsweise an Bäumen Männchen macht, die Vorderpfoten auf einen Baumstumpf stellt oder sich an einem Stein aufrichtet.

Trick 25: eine eigene Choreographie erarbeiten

Geeignet für: alle Hunde

Natürlich können Sie mehrere Tricks auch jederzeit kombinieren. Dabei können Sie kreativ sein und dazu eine kleine Story erfinden oder einen Sketch mit Ihrem Hund einüben. Es macht auch Spaß, bestimmte Tricks wie beim Dogdance möglichst fließend miteinander zu kombinieren oder einfach Ihre Lieblingstricks zu einer eigenen Choreographie zusammenzustellen. Das ist nicht nur für den Hund, sondern auch für den Halter eine große Herausforderung, die sich nach Belieben variieren lässt.

Intelligenzspiele selbst basteln

Hier finden Sie Intelligenzspiele, die die Hunde vor mehr oder weniger anspruchsvolle Aufgaben stellen. Viele Intelligenzspiele stärken speziell die Kreativität oder das Problemlösungsvermögen, was zugleich auch das Selbstbewusstsein des Hundes positiv beeinflusst. Alle

Intelligenzspiele, die hier aufgeführt sind, können Sie ganz einfach zu Hause durchführen. Sie benötigen nur Dinge dafür, die die meisten Haushalte sowieso daheim haben.

Intelligenzspiel 1: Bastelidee – das Hütchenspiel

Eine kleine Vorstufe dieses Spiels haben Sie vielleicht im ersten Teil dieses Ratgebers schon kennengelernt, falls Sie den entsprechenden Test durchgeführt haben. Das Hütchenspiel lässt sich aber immer weiter ausbauen.

Was Sie nutzen können: alte Plastikbecher, Pappbecher oder Dosen.

- *Version 1:* Sie legen Leckerli aus und bedecken Sie mit den Bechern. Der Hund muss sie einfach möglichst schnell alle herausholen.
- *Version 2:* Der Hund soll anzeigen, unter welchem Becher das Leckerli ist. Dann erst heben Sie den Becher hoch, und der Hund darf fressen. Der Aufbau erfolgt hier ganz ähnlich wie bei unserem Suchspiel 7 (In welcher Hand ist der Keks?). Wichtig ist allerdings, dass die Becher dann so fixiert werden sollten oder Sie so schnell reagieren müssen, dass der Hund den Becher nicht umwirft.

Intelligenzspiel 2: Bastelidee - Muffinblech zweckentfremdet

Dieses Intelligenzspiel ist sehr bekannt und beliebt. Dafür sollten Sie allerdings ein Muffinblech daheim haben. Dieses wird im Optimalfall so selten verwendet, dass Sie nun eine gute Möglichkeit haben, es regelmäßiger zu nutzen. Die Vertiefungen machen Muffinbleche nämlich zu einer sehr guten Basis für verschiedene Aufgaben für den Hund.

So funktioniert es: Legen Sie Leckerli in die Vertiefungen im Muffinblech. Diese können Sie jetzt mit verschiedenen Dingen abdecken. Stecken Sie eine leere Klopapierrolle darauf, bedecken Sie die Vertiefungen mit zerknülltem Packpapier oder legen Sie Bälle auf die Löcher. So lässt sich die Suche immer wieder anders gestalten und bleibt eine abwechslungsreiche Herausforderung für den Hund.

Ist der Hund dabei zu wild, kann es sein, dass er das Muffinblech quer über den Boden schiebt. Halten Sie es dann am besten fest oder legen Sie es in eine Zimmerecke.

Intelligenzspiel 3: Bastelidee – dreh' die Flasche

Alles, was Sie zum Basteln benötigen, ist eine leere Plastikflasche, einen Kochlöffel mit rundem Stiel sowie Schere oder Messer.

Mit der Schere oder dem Messer stechen Sie mittig links und rechts Löcher in die Flasche. Die Löcher sollten etwas größer als der Durchmesser des Kochlöffel-Stiels sein. Wenn Sie den Stiel jetzt durch die Löcher stecken, haben Sie eine drehbare Flasche. Füllen Sie jetzt Leckerli in die Flasche und halten Sie Ihrem Hund den Kochlöffel mit der Flasche hin. Lassen Sie Ihren Hund dabei in Ruhe ausprobieren, wie er das Futter aus der Flasche herausbekommt.

Hat Ihr Hund dabei zunächst Probleme? Dann zeigen Sie ihm ruhig, dass man die Flasche drehen kann und die Leckerli dann durch den Flaschenhals herausfallen. Wird Ihnen der Arm vom Halten des Kochlöffels lahm? Dann nehmen Sie stattdessen einen etwas längeren Stab (gut eignen sich Bambusstäbe) und legen Sie beide Seiten ab. Manche Hundehalter basteln dafür extra Halterungen, für große Hunde lassen sich Stühle nutzen. Wichtig ist aber in allen Fällen, dass der Stab fixiert wird, damit er nicht wegrutscht.

Intelligenzspiel 4: Bastelidee – selbst gemachter Leckerliball

Sicher kennen Sie die im Handel erhältlichen Futterbälle, die man mit Leckerli befüllen kann und die der Hund dann rollen muss, sodass der duftende Inhalt herausfällt. Solche Bälle lassen sich aber auch ganz einfach selbst gestalten. Das hat sogar Vorteile, denn so lässt sich viel Abwechslung für den Hund schaffen. Je nach Form des selbst gebastelten Leckerliballes rollt dieser nämlich nicht so gleichmäßig, wie gekaufte Bälle, was Hunde oft besonders spannend finden. Außerdem lassen sich so auch Verpackungen sinnvoll recyclen.

Alles, was Sie dafür brauchen, ist eine Schere, eventuell eine Bohrmaschine und eine Plastikverpackung mit gut schließendem Deckel, den der Hund nicht so leicht aufbeißen oder aufziehen kann. Ideal funktioniert eine Plastikflasche aus Hartplastik (keine weichen PET-Flaschen). Wählen Sie die Größe der Verpackung so aus, dass Sie gut zur Größe Ihres Hundes passt.

Zunächst müssen Sie nun Löcher in die Wände der Flasche (oder des anderen gewählten Gegenstandes) bohren. Meist geht das mit einer Schere recht gut. Ist der Kunststoff zu fest, eignet sich auch eine Bohrmaschine. Die Löcher sollten so groß sein, dass Trockenfutter oder andere feste Leckerli gut hindurchfallen können. Jetzt kann das Spiel schon losgehen. Füllen Sie durch den Deckel einige Leckerli in das neue Spielzeug und verschließen Sie den Deckel wieder. Dabei darf der Hund gerne zuschauen, damit er schon voll Vorfreude darauf warten kann, sich damit zu beschäftigen.

Nun legen Sie Ihr selbst gebasteltes Futterspiel auf den Boden und warten ab, was passiert.

Versucht der Hund, die Flasche aufzubeißen? Dann brechen Sie ab. Weiß der Hund nicht, was er mit dem Spielzeug anfangen soll? Dann rollen Sie die Flasche selbst hin und her, bis die ersten Leckerli herausfallen. Fallen keine Leckerli heraus? Dann machen Sie die Löcher noch etwas größer.

Intelligenzspiel 5: „Do as I do" oder das Spiegel-Spiel

Hunde lernen durch Nachahmung. Sie sind also durchaus in der Lage, Menschen zu beobachten und Dinge nachzumachen. Das kann gezielt gefördert werden, zum Beispiel mit diesem sehr spannenden und vielseitig nutzbaren Spiel. Das Ziel dabei ist, dass Sie etwas vormachen, was der Hund dann nachahmt.

Der Aufbau ist gar nicht so schwer. Legen Sie einen für den Hund unbekannten Gegenstand auf den Boden und lassen Sie den Hund warten. Jetzt sagen Sie: „Schau' hin" (oder was auch immer Sie dafür wählen), während Sie zu dem Gegenstand gehen und ihn mit der Hand antippen. Dann geben Sie den Hund frei, zeigen auf den Gegenstand und sagen ein zweites Signal, wie zum Beispiel: „Jetzt du". Wenn Sie Glück haben, ist der Hund so neugierig, dass er direkt zum Gegenstand läuft und ihn mit der Nase (das ist für den Anfang okay) oder mit der Pfote anstupst.

Das wiederholen Sie mit verschiedenen, leichten Übungen. Es klappt auch, wenn Sie sich selbst setzen und auf das „Jetzt du“ hin den Hund mit „Sitz“ in die richtige Richtung lenken. Gut eignet sich oft auch ein Hocker, auf den Sie selbst im Vierfüßlerstand beide Arme abstellen und danach den Hund (zur Not mit einem Leckerli) in die gleiche Position führen.

Letztendlich machen Hunde, denen das Beobachten und Nachahmen besonders gut liegt, mit etwas Übung oft erstaunlich komplexe Dinge nach.

Weitere spannende Beschäftigungsmöglichkeiten

Hier finden Sie alles, was es außer Suchspielen, Tricks und Intelligenzspielzeug noch an kreativen Denkspielen und Beschäftigungen für Hunde gibt.

Spaß-Parcours im Garten

Agility ist ein anspruchsvoller Hundesport mit Regeln und Wettbewerben. Die Spiel-und-Spaß-Version davon lässt sich aber auch sehr gut im eigenen Garten umsetzen. Auch Elemente aus dem Rally-Obedience können Sie dabei nutzen. Das Rally-Obedience ist eine Art „Zirkeltraining“ für Hunde, bei dem Hund und Halter an jeder Station bestimmte Übungen oder Aufgaben zeigen müssen.

Achtung: Lassen Sie Hunde unter einem Jahr, alte Hund oder Hunde, die zu Gelenkproblemen neigen, nicht über hohe Hindernisse springen.

Das können Sie dafür nutzen:

Sie können offene oder halboffene Tunnel, Slalomstangen oder Hindernisse natürlich im Fachhandel und online kaufen. Vieles lässt sich aber auch selbst bauen.

- *Slalom:* Für den Slalom lassen sich auch Holzstöcke oder Bambusstöcke nutzen, die in den Boden gesteckt werden. Als Richtwert: Der Abstand der Slalomstangen beträgt im Agility 60 cm. Sie können aber je nach Hundegröße und Wendigkeit natürlich genau den Abstand wählen, der Ihrem Hund am besten liegt. Je weiter der Abstand, desto leichter.

- *Hindernissprung:* Hier eignen sich alle Aufbauten, die fest und sicher verankert sind und die der Hund ohne große Mühe überspringen kann. Das reicht von einem umgedrehten Blumenkasten über Baumstämme bis hin zu großen Steinen oder Besenstielen, die seitlich an Halterungen befestigt werden.

- *Tunnel:* Als Ersatz für einen Tunnel eignen sich alte Regentonnen oder andere Plastiktonnen, bei denen der Boden entfernt wird. Auch breitere Kunststoffrohre (für kleine Hunde) oder ein selbst gebastelter Durchgang aus Holz sind denkbar. Schwieriger wird es, wenn Sie den Eingang mit einer Decke oder herabhängender Folie wie mit einem Vorhang verschließen.

- *Stationen einbauen:* Wie oben beschrieben, können Sie sich auch im Rally-Obedience Anregungen holen. Fügen Sie dazu in Ihren Garten-Parcours Stationen ein, indem Sie eine Position markieren, an der der Hund je nach Wissensstand eine bestimmte mehr oder weniger schwere Übung durchführen muss. Das können „Sitz" und „Platz" oder ein Hundetrick sein.

Alltagsaufgaben mit Hund

Viele Hunde lieben es, wenn sie in den Alltag integriert werden. Dazu können Sie gemeinsam Tricks einüben, die für Sie auf Dauer tatsächlich hilfreich sind. So können Sie Ihrem Hund beibringen, Schubladen zu schließen. Auch das Öffnen von Regaltüren und Schubladen ist möglich, indem Sie ein Seil an den Griff binden und dem Hund beibringen, daran zu ziehen.

Oder Sie üben „aufräumen" und bringen dem Hund bei, zusammengeknülltes Papier oder leere Verpackungen zu einem offenen Papierkorb zu tragen und dort hineinfallen zu lassen. Bestimmt fällt Ihnen dazu noch mehr ein: Der Hund könnte vielleicht zusammengelegte Socken zum Wäschekorb tragen, eine zusammengerollte Zeitung zu einem anderen Familienmitglied bringen oder das Telefon holen.

Discdogging

Discdogging oder Dog Frisbee kann man auch als Anfänger ganz einfach zu Hause spielen (idealerweise im Garten).

Sie benötigen dafür nur eine Frisbeescheibe. Hierfür gibt es extra weiche und flexible Hunde-Frisbees, an denen sich der Hund nicht verletzen kann.

Achtung: Hier muss der Hund viele schnelle Wendungen und Sprünge machen. Das Frisbeespielen eignet sich deshalb nicht für Hunde im Wachstum, alte Hund oder Hunde, die zu Gelenkproblemen neigen.

Im ersten Schritt lassen Sie die Scheibe zunächst nur über den Boden rollen. Der Hund soll sie bei dieser Übung einholen, greifen und Ihnen bringen. Nach und nach können Sie mit ganz einfachen, kurzen Würfen üben, dass der Hund die Scheibe auch fangen kann. Zuletzt lassen sich dann auch Sprünge des Hundes oder spezielle Würfe (die aber viel Übung vom Hundebesitzer erfordern) mit einbauen.

Balance- und Koordinationsübungen

Geeignet für: Hunde mit Balanceproblemen oder Problemen mit Muskulatur, Knochen, Rücken oder Gelenken

Hunde mit Handicap können viele actionreiche Spiele nicht mehr mitmachen. Dann eignen sich ruhige Balanceübungen, die auslasten und zugleich auch noch gesundheitlich förderlich sind. Zudem gibt es Hunde, die eher zur Marke

„Körperklaus" gehören und eine schlechte Balance oder Koordination haben. Auch für diese Hunde eignen sich die folgenden Übungen aus dem Bereich der Hunde-Physiotherapie, die Sie auch einfach zu Hause umsetzen können.

Achtung: Hat Ihr Hund schwerere Krankheiten? Dann sprechen Sie vorher mit dem Tierarzt oder Tierphysiotherapeuten, ob sich die Übungen wirklich eignen.

- *Angelehnt an Pferde-Cavaletti:* Cavaletti stammt aus dem Reitsport. Beim Training werden Pferde als Koordinationsübung und für ein schöneres Gangbild in verschiedenen Gangarten über sehr niedrige, nur knöchelhöhe Hürden (die Cavaletti) geführt. Sie sollen dabei konzentriert gehen, nicht springen. Auch für Hunde lässt sich das leicht umsetzen: Legen Sie einige dickere Äste oder auch Haushaltsgeräte mit Stiel kreuz und quer auf den Boden. Führen Sie jetzt den Hund an der Leine darüber und achten Sie darauf, dass er langsame und bedachte Schritte macht. Alternativ können Sie sich auch mit ausgestreckten Beinen hinsetzen und den Hund über Ihre Beine führen.

- *Balance fördern:* Hierzu eignen sich am besten käuflich erworbene Wackelbretter, Wackelkissen oder auch die sogenannten „Donuts" (Luftkissen), auf denen der Hund ganz oder nur mit Vorder- oder Hinterpfoten stehen oder auch liegen oder sitzen soll.

Dehnen und Strecken: Zum Dehnen eignet sich der oben beschriebene Trick 16 (Verbeugen oder auch Diener genannt).

Zudem können Sie Ihren Hund dazu animieren, den Hals weit nach links und rechts zu beugen, indem Sie Leckerli am Kopf entlang nach hinten führen. Auch wenn der Hund seine Vorderpfoten auf einen Gegenstand stellt und sich dann weit nach oben strecken muss, ist das eine gute Dehnübung.

Fazit – Denkspiele sind eine echte Bereicherung für Mensch und Hund

Sie haben nun viele Ideen für Denkspiele, Intelligenzspiele und Hundetricks erhalten. Vielleicht hatten Sie auch bereits Zeit, einige dieser Ideen auszuprobieren, und konnten so erfahren, wie viel Freude die gemeinsame Beschäftigung beiden Seiten macht. Ich hoffe, Sie konnten dabei einige neue Anregungen und Ideen mitnehmen - denn gemeinsame Denkspiele bereichern nicht nur das Leben des Hundes, sondern auch das des Menschen.

Haben Sie die Tests im ersten Teil des Buches mit Ihrem Hund durchgeführt? Dann kann es sehr spannend sein, wenn Sie die gleichen Tests später noch einmal durchführen und schauen, ob Ihr Hund dabei vielleicht interessierter, schneller oder kreativer geworden ist. Aber stellen Sie, wie schon beim ersten Test beschrieben, keine festen Erwartungen an Ihren Hund. Der Weg ist das Ziel - nirgendwo gilt das mehr als beim Training und der geistigen Beschäftigung mit Hunden.

In allererster Linie aber würde es mich sehr freuen, wenn Sie durch diesen Ratgeber das wunderbare Gefühl der Bindung, der Zusammenarbeit und des Vertrauens erfahren können.

Printed in Poland
by Amazon Fulfillment
Poland Sp. z o.o., Wrocław

11451605R00087